企业社会责任履践研究：

解耦的经济后果及内化的供应链因素

马志军　著

中国环境出版集团・北京

图书在版编目（CIP）数据

企业社会责任履践研究：解耦的经济后果及内化的供应链因素/马志军著. —北京：中国环境出版集团，2022.6

ISBN 978-7-5111-5056-1

Ⅰ. ①企… Ⅱ. ①马… Ⅲ. ①企业责任—社会责任—研究 Ⅳ. ①F272-05

中国版本图书馆 CIP 数据核字（2022）第 027352 号

出 版 人 武德凯
责任编辑 林双双
责任校对 薄军霞
封面设计 岳 帅

出版发行 中国环境出版集团
（100062 北京市东城区广渠门内大街 16 号）
网 址：http：//www.cesp.com.cn
电子邮箱：bjgl@cesp.com.cn
联系电话：010-67112765（编辑管理部）
发行热线：010-67125803，010-67113405（传真）

印 刷 北京中科印刷有限公司
经 销 各地新华书店
版 次 2022 年 6 月第 1 版
印 次 2022 年 6 月第 1 次印刷
开 本 787×960 1/16
印 张 11
字 数 300 千字
定 价 50.00 元

内容简介

企业在社会责任履践过程中的解耦行为日益受到理论界和实践界的关注，本书围绕这一问题，基于制度理论“效率”视角和“合法性”视角，理论阐述并实证检验了企业社会责任解耦对企业经济绩效的影响。实证结果显示企业社会责任解耦尽管对企业短期经济绩效有提升作用，但是却不利于长期经济绩效的提升。因此，本书又从企业内部认知和外部合作及供应链上企业与客户依赖关系的视角，探讨影响企业社会责任履践的因素，就如何推动企业把社会责任内化到日常运营中去提出实践建议。本书适用于企业社会责任相关领域科研人员，也可作为企业在履行社会责任实践过程中的参考用书。

前 言

在社会可持续发展的背景下，企业社会责任管理已经成为学术研究和企业实践过程中的焦点，但在企业社会责任履践过程中，解耦和内化问题依然没有得到足够的关注。在企业社会责任履践过程中，一方面，企业为了维护社会认可的“合法性”地位，通过对外公开披露社会责任信息的方式，美化其社会责任形象；另一方面，企业为了提高资源使用效率，往往吝于投入资源，所以并没有表现出与其对外宣称的企业社会责任形象一致的履责行为。企业在社会责任履践过程中表现出的社会责任形象和实际运营实践之间脱钩的行为被称为企业社会责任解耦。

企业社会责任解耦掩盖了企业社会责任履践过程中的失责行为，对企业社会责任问题具有“掩饰效应”，企业社会责任信息披露往往沦为企业“装门面”或“绿色粉饰”的工具，不利于企业履践其社会责任，这在理论界和实践界已经达成共识。但是，企业在社会责任履践过程中依然存在社会责任解耦行为，这主要是受其带来的社会责任成本节约的经济利益的驱使，能否提高企业经济效益依然有待实证检验。

在第一章现有文献综述的基础上，本书第二章围绕上述问题，进行了理论阐述和实证检验，基于制度理论“效率”视角和“合法性”视角，讨论了企业社会责任解耦对企业经济绩效的影响，并利用 2016—2017 年润灵环球社会责任报告评价指数和企业社会责任成熟度指数等数据，识别了企业社会责任解耦程度的差异，对理论模型进行了实证检验。实证结果发现：①企业公开披露的社会责任信息和企业内部实质的社会责任行为总体上不一致，存在社会责任解耦的事实；②企业社会责任解耦对企业经济绩效具有“双刃剑”效应，一方面可以提升企业短期经济绩效，另一方面会削减企业长期经济绩效；③政府制度环境，即“企业社会责任违规披露”负向调节了企业社会责任解耦对企业经济绩效的影响。这些发现对于企业和监管者深刻、客观地认识企业社会责任解耦问题具有重要的理论指导价值。

如何促使企业在社会责任履践过程中减少或杜绝企业社会责任解耦行为，做到“言行一致”，推动企业把社会责任内化到日常运营中去就成为一个在理论和实践中都亟待解决的问题。由于企业社会责任内化具有自愿属性，很大程度上取决于其“内化”程度大小，并且在供应链背景下，企业社会责任履践行为和客户利益息息相关，其社会责任内化活动势必会受到企业与客户之间社会责任相关的合作活动，以及企业与客户之间依赖关系等因素的影响。所以，本书尝试从企业内部认知和外部合作，以及供应链上企业与客户依赖关系的视角探讨影响企业社会责任履践的因素。

因此，本书第三章基于社会认知理论和社会交换理论，探讨了“企业社会责任认知”和“客户与企业社会责任合作”两个研究变量，就这两个影响企业社会责任内化的因素进行了理论阐释，并基于 247 家企业的问卷调查数据进行了实证检验。研究发现，企业社会责任认知和客户与企业社会责任合作正向影响了企业社会责任内化，并且客户与企业社会责任合作具有相对较大的影响作用。据此我们推断，当前企业在社会责任履践过程中的“言行不一”行为很可能是企业对社会责任的认知程度不够，以及企业与客户缺乏社会责任相关合作所致。这意味着，在政策层面，通过强化企业对社会责任重要性的认识，并寻求与客户合作共赢的方式，有利于更好地把企业社会责任落到实处，进而改进企业的社会责任表现。

前文得出了相对于企业社会责任认知，客户与企业社会责任合作对企业社会责任内化影响更大的研究结论。因此，本书第四章从企业与客户关系的角度进一步分析了供应链上企业与客户两个节点的依赖关系强度对企业社会责任内化的影响。在这一部分，基于资源依赖理论，遵循“依赖—合作—内化”的理论逻辑，尝试探索不同的企业与客户依赖关系特征如何影响企业社会责任内化。此外，第四章还讨论了客户与企业社会责任合作在企业与客户依赖关系对企业社会责任内化中发挥的中介效应，以及企业与客户信任如何调节企业与客户依赖关系和客户与企业社会责任合作之间的关系。同时，本书运用247家企业的问卷数据进行实证检验研究，发现企业对客户依赖和联合依赖对企业社会责任内化具有显著的正向影响，客户对企业依赖、依赖不对称负向影响企业社会责任内化，企业与客户信任正向调节了企业与客户依赖关系对企业社会责任内化的影响。这意味着依靠客户对自身的依赖所带来的权利优势对抗供应链社会责任规制压力的做法，不利于企业的社会责任管理，企业要从战略上认识到社会责任是企业应当自觉履行的义务，能促进企业可持续发展。同时，企业和客户的信任能够增强企业与客户依赖和权利关系对企业社会责任合作的影响，信任是合作的重要基础之一，能够减少双方的机会主义行为。

本书在现有研究的基础上，对中国企业社会责任解耦现状及其经济效果进行了理论解释和实证研究，并进一步深入研究了企业社会责任内化的驱动因素，通过实证检验对一些重要问题作出了回答。因此，本书对企业社会责任相关领域科研人员和企业管理人员具有一定的参考价值。

在本书成稿的过程中，中南财经政法大学博士生导师张璇、郑州工程技术学院赵国甫博士等都提出了很多意见，再次对他们致以诚挚的谢意。由于本人水平有限，书中不当和疏漏之处在所难免，恳请广大读者斧正。

目录

绪　论……1

第一节　选题背景及问题提出……1

第二节　研究技术路线、内容及创新点……7

第三节　关键概念界定……13

第一章　企业社会责任管理文献综述——基于国内外的实证研究……16

第一节　企业社会责任研究内容……18

第二节　企业社会责任前因后果研究……23

第三节　企业履行社会责任的衡量方法……39

第四节　现有研究述评与未来研究展望……41

第二章　企业社会责任解耦对经济绩效的影响——考虑制度监管的调节作用……46

第一节　本章前言……46

第二节　理论基础和研究假设……48

第三节　数据与研究方法……57

第四节　实证检验与结果分析……62

第五节　小结与评论……70

第三章　企业社会责任认知、合作对企业社会责任内化的影响……75

第一节　本章前言……75

第二节　理论基础和研究假设……79

第三节 数据与研究方法......88
第四节 实证检验与结果分析......95
第五节 小结与评论......97

第四章 供应链依赖关系对企业社会责任内化的影响......103
第一节 本章前言......103
第二节 理论基础与研究假设......106
第三节 数据与研究方法......115
第四节 实证检验与结果分析......120
第五节 小结与评论......128

第五章 总结、政策建议及研究展望......132
第一节 主要结论......132
第二节 政策建议......133
第三节 研究不足与未来研究方向......136

参考文献......139

附 录......159

绪　论

第一节　选题背景及问题提出

一、背景介绍

供给侧结构性改革背景下中国经济进入一个全新的发展期，企业的经营和发展模式也迎来变革，企业社会责任日益受到重视并被视为影响企业核心竞争能力的重要因素。在党的十八届三中全会上，企业社会责任被正式提升到了国家战略的高度，党的十九大报告指出，为建设现代化经济体系，全面建成小康社会，必须深化供给侧结构性改革，形成可持续的发展方式。可持续发展要求企业积极承担社会责任，将经济发展成果“反哺”社会，促进企业与内外部利益相关者和谐共生，共同发展。

企业应当承担社会责任的理念已经成为相关理论和实践领域的共识。从 20 世纪 90 年代开始，随着可持续发展理念的普及，一场“企业社会责任运动”风潮在西方发达国家兴起。这股风潮也伴随着经济全球化、贸易国际化的发展趋势来到中国，企业社会责任逐渐成为中国企业熟知的热门话题，引起社会各界的广泛关注。改革开放 40 多年来，中国经济得到了飞跃式的发展，人们的物质生活明显改善，同时对企业承担社会责任的期望也相应提高。

在理论研究方面，利益相关者理论、制度理论等基础理论的发展使得企业生存和发展理论已经不局限在“股东利益至上”的范畴。利益相关者理论为企业承担社会责任提供了新的理论分析框架。利益相关者包括对组织目标实现产生影响的所有个体和群体（Freeman，1984）。既然各类利益相关者为企业创造了生存和发展的环境，那么企业履行社会责任并满足各利益相关者的利益诉求也就责无旁贷。制度理论为企业履行社会责任提供了坚实的理论支持，制度理论的观点认为，企业是作为一种制度化的组织存在的，是处于社会环境和历史影响中的有机体，并不是简单追求效率的机器（田媛，2017；Powell＆ DiMaggio，2012）。企业要解决生存和发展问题，不仅需要获取经济利润，还要获得社会认可的合法性地位，为企业经营创造一个良好的制度环境。围绕利益相关者理论和制度理论，学者们展开了大量研究，其成果为实践提供了有益的指导，同时也为本书的研究提供了理论上的借鉴。

在社会责任相关理论的指导下，为了响应政策层面的号召，顺应国际化的社会责任潮流，中国企业社会责任发展也取得了长足进步，这从近年来企业社会责任报告发布数量的增长情况中可以看出。2005 年修订的《公司法》中，首次明确了公司应当承担社会责任，我国学术界普遍认为 2006 年是中国社会责任元年，从 2006 年开始中国企业社会责任报告的发布数量大幅增长，截至 2018 年 11 月，我国企业发布的社会责任报告数量达到 2 097 份。但是，在这场声势浩大的社会责任风潮背后，企业社会责任问题也开始出现，各种伪社会责任行为和现象屡见不鲜，甚至有学者提出中国企业社会责任存在倒退风险的观点。

这种说法并非毫无根据，中国企业在高呼企业社会责任口号，大张旗鼓地落实社会责任的同时，一系列社会责任违规行为导致的恶性事件也在发生，接连发生的食品安全事故和劳动安全事故引起了社会的极大关注。2008 年发生的“毒奶粉”事件至今仍然令人心有余悸，包括三鹿、光明、蒙牛等知名奶企的奶粉中都被检测出三聚氰胺。继 2005 年发生肯德基苏丹红事件之后，一直标榜“负责任”的麦当劳、肯德基、必胜客 2014 年又被媒体曝出使用过期肉的行为。2019 年 3 月，江苏盐城一化工企业发生爆炸事故，该企业曾两年内被环保部门处罚了 7 次，处罚原因为该企业存在违反大气污染防治管理制度、环境影响评价制度和固体废物管理制度等社会责任违规行为。

这些案例说明，在中国，企业社会责任的履行实践不容乐观，存在着“说一套做一套”即社会责任解耦行为。由于企业履行社会责任能否带来经济效果的改进是一个尚不明确的问题，再加上企业履行社会责任所带来的成本增加等因素限制，中国仍然存在大量企业未能意识到社会责任是企业应该履行的义务，反而认为这是一种成本负担而不愿意承担（Ross et al.，2002）。

在企业社会责任履行过程中，为了满足政府、客户等利益相关者的审计要求，“猫捉老鼠”的情况时有发生；隐瞒企业社会责任信息，贿赂审核员，社会责任审核人员帮助一些企业作弊使其通过社会责任审计等现象也屡见不鲜。因此，一些企业履践社会责任流于形式，成为应付客户的“面子工程”，社会责任没有在企业内部运营中得到内化。

企业社会责任履践过程中的解耦行为不利于企业社会责任管理的稳定与可持续发展，最终将导致企业社会责任违规行为频发。因此，如何摆脱企业社会责任解耦困局，促进企业社会责任内化，成为摆在学术界面前现实而紧迫的任务。解耦困局的解决，首先要厘清当前我国企业社会责任解耦的现实状况及其对企业的影响。其次，如何促使企业在社会责任履践过程中减少或消除企业社会责任解耦行为，推动企业把社会责任内化到企业日常运营中去，成为亟待解决的管理重点与难题。

二、研究问题的提出和解决

如上文研究背景所述，中国社会责任履践过程中存在企业“言行不一”的社会责任解耦行为。虽然目前一些研究已经探讨了关于如何、何时以及为何发生解耦的问题（Toffel et al.，2016），但中国企业社会责任解耦的程度如何？其对企业的经济绩效产生何种影响？以上这些问题还未引起人们的足够重视，相关理论和实证研究很少，即便偶有论及，也仍然停留在现象描述或问题提出的阶段，缺乏系统性深入研究。

企业社会责任解耦成为企业“装门面”或“绿色粉饰”的工具，对企业社会责任问题具有“掩饰效应”，这对企业社会责任的履践效果产生了不利影响。企业之所以依然执着于社会责任解耦，主要是受其经济利益的驱使。研究其能否提高企业经济效益这一问题可以帮助企业更客观、更理性地评价自身的社会责任解耦行为。

深入研究企业社会责任解耦对企业经济绩效产生的影响具有理论和现实意义，因为企业社会责任解耦的行为决策，是一个很难进行的利益权衡问题，而这一问题的解决有助于企业摆脱解耦的决策困境。制度理论为我们分析这一问题提供了不同的视角和分析逻辑。新制度主义理论的观点认为（Meyer et al.，1977），技术环境和制度环境是组织生存面临的一般环境，这两种环境对组织的要求是不同的。效率性是技术环境要求，即组织运营活动需要遵循利润最大化的原则。相反，合法性是制度环境的要求，基于这种要求组织需要采取“广为接受”的形式和做法，但这样可能会使得组织效率大打折扣。这两种环境对组织的行为要求是矛盾的，但这一矛盾可通过组织正式结构与关注效率的解耦来解决（Brown et al.，1991）。而企业社会责任解耦正是组织为了在获得制度合法性的同时，兼顾提高经济绩效而进行的权衡决策。但是，企业社会责任解耦真的能如企业所愿达到两者兼顾的效果吗？

此外，企业的运营活动都应置于政府监管的环境中，政府监管的主要手段之一是每年披露企业产品质量事故、生产事故、破坏环境等违规行为。如果企业没有违规行为被披露，企业社会责任解耦行为则能起到对企业社会责任形象的“粉饰”效果，而一旦企业有违规行为被披露，则相当于揭开了“粉饰”的面纱，企业的经济绩效必然会受到影响。因此，本书还将探讨企业社会责任违规披露这一监管制度是如何影响企业社会责任解耦和企业经济绩效关系机制的。

本书对于上述问题的实证结果说明，企业社会责任解耦尽管短期内能够提升企业的经济绩效，但对于企业的长期经济绩效是不利的。那么，还有哪些因素能够促使企业在社会责任标准实施过程中做到“言行一致”？能否推动企业把社会责任内化到企业日常运营中？内化后能否促进企业运营管理水平的提升？这些问题值得我们深入探索。

关于哪些因素能够促使企业在社会责任标准实施过程中做到“言行一致”，推动企业把社会责任内化到企业日常运营中这一问题，我们首先从企业内部的社会责任认知和外部的客户社会责任合作展开讨论。

企业社会责任内化不同于“粉饰”企业社会责任形象的解耦，需要切实地把社会责任原则、制度等深入贯彻到企业实际运营活动中，需要成本付出，需要内部拉动。

虽然在2005年修订的《公司法》中明确提出公司应当承担社会责任，但之后的十几年，企业践行社会责任依然是倡导性而非强制性的（华忆昕，2018），企业社会责任依然被大多数企业视为自愿责任。传统的企业观认为企业最大化地获取利润，并通过缴纳税款等方式实现其社会价值。一个企业只要遵守法律，就是具有社会责任的企业（Hess，1999），而法律责任之外的部分对于企业来讲并非是必须的，是否承担主要遵从企业的意愿。企业社会责任这种自愿属性，决定了企业履行社会责任必须源于心，才能内化于企。

企业社会责任认知正是一种内部驱动因素，反映企业内部感知的社会责任对组织有效性的重要程度，体现企业主观上的意愿。企业愿意履践社会责任，往往是因为企业认识到履践社会责任有利于达成企业的目标。因此，企业对社会责任认知越深刻，企业社会责任内化程度越高。

同时，企业与外部利益相关者的交互影响会影响企业的社会责任履践。客户是企业最直接的利益相关者，也是企业供应链上最直接相关、最重要的一环，因此我们有必要从企业与客户关系的视角探讨企业社会责任内化的影响。由于机会主义行为的存在，供应链上客户单方面的压力并不一定能促进企业社会责任的内化，那么企业和客户的社会责任合作是否能够促进企业社会责任内化呢？本书从企业自身和企业与客户关系的内部及外部视角，基于社会认知理论和社会交换理论，讨论了企业自身社会责任认知和客户与企业社会责任合作两个因素对企业社会责任内化的影响。同时比较二者的影响大小，探讨社会责任内化到底是受企业内部认知的驱动更大，还是受企业外部的推动影响更大，从而使企业在制定社会责任内化实践激励政策时更具针对性。

供应链上的依赖和权利关系对企业社会责任内化的影响也是本书需要探讨的一个问题。供应链上合作伙伴间的依赖和权利结构对企业运营管理产生的影响受到了广泛的关注（Sanzo et al.，2007；Gulati et al.，2007），但对企业社会责任内化影响的研究还没有得到足够的重视。虽然也有研究根据交易伙伴之间依赖（权力）对称（Symmetry）与不对称（Asymmetry）的程度进行了区分（Kumar et al.，1995），提出在相互依赖不对称的情况下，强大的买方在控制供应商社会责任履践方面具有更大的影响力（Andersen et al.，2011）；但是，如果买家在谈判时处于弱势，就可能难以影响供应商社会责任的履践（Pedersen，2010）。企业对客户的依赖程度和客户对企业的依赖程度，会对企业社会责任内化产生何种影响都是有待验证的问题。

总体来看，企业社会责任解耦对企业经济绩效的影响，以及如何减少企业社会责任解耦行为、促进企业社会责任内化的问题，是本书需要解决的关键问题。这两大关键问题可以细化为以下几个详细问题：

①企业社会责任解耦对企业经济绩效（包括企业短期经济绩效和企业长期经济绩效）产生何种影响？制度监管（企业社会责任违规披露）在企业社会责任解耦对企业经济绩效的影响关系中又起到什么作用？

②企业社会责任认知和客户与企业社会责任合作能否对其社会责任内化产生正向影响？哪一个因素的影响更大？

③供应链上企业与客户的依赖结构会对企业社会责任内化产生什么影响？

这些问题的解决有助于深入理解企业社会责任解耦对企业经济绩效的影响机制，以及社会责任认知、客户与企业社会责任合作、企业与客户依赖结构对企业社会责任内化的影响机制。

三、研究意义

首先，本书对中国企业的社会责任解耦程度进行了实证检验，让人们对我国企业社会责任履践的现状有一个更清楚的认识；基于制度理论和期望理论讨论并验证了企业社会责任解耦对企业短期和长期经济绩效的影响。以上研究不仅弥补了企业社会责任解耦相关研究的理论空白，而且使人们认识到我国企业社会责任管理问题的严峻性，并以此进一步探讨应对策略。

其次，本书从社会认知理论、社会交换理论的视角出发，探讨了企业社会责任认知、客户与企业社会责任合作对企业社会责任内化的影响。比较了企业社会责任认知这一来自企业的内部拉力和客户与企业社会责任合作这一来自企业外部的推力对企业社会责任内化影响的强度大小。研究结果有助于识别企业社会责任内化的内部和外部驱动因素，为企业社会责任管理决策提供理论依据。

最后，因为客户与企业社会责任合作这一来自外部的推力对企业社会责任内化产生的影响更大，所以本书从资源依赖理论的视角，分析并实证检验了企业与客户的依赖关系对企业社会责任内化的影响，讨论了客户与企业社会责任合作在其影响机制中所发挥的中介效用，以及企业与客户信任对企业与客户依赖关系和客户与企业社会责任合作的影响，为进一步认识企业社会责任履践提供了新的视角。

总之，本书结合相关机构公开发布的数据和微观调研数据进行实证研究，从多理论视角、多维度探讨了中国企业社会责任解耦对企业经济绩效的影响，以及企业社会责任内化的影响因素，这些研究让企业和决策者能够全面认识我国企业社会责任履践的现状及影响，对于破解企业社会责任履行过程中的解耦难题具有一定的指导意义，并且为引导企业在供应链背景下的可持续发展具有重要的理论和现实意义。

第二节　研究技术路线、内容及创新点

一、研究技术路线

本书基于从理论到模型、从模型到实证的研究框架，以计量实证检验为主，辅以逻辑演绎，找到企业社会责任解耦对企业经济绩效的影响及中国企业社会责任内化背后的影响机制，同时利用润灵环球企业社会责任报告评级指数、企业社会责任能力成熟度指数等数据和企业问卷调研所获取的数据来实证检验这些影响机制的存在，具体如下。

①在相关理论及现有文献的基础上，运用归纳和演绎、要素分析方法构建系统模型与框架。

②在第二章企业社会责任解耦对企业经济绩效影响关系的研究中，本书综合运用企业社会责任报告评级指数，以及反映企业社会责任实质绩效的企业社会责任成熟度指数对企业社会责任解耦进行测量，并结合国泰安数据库相关数据对本章提出的理论模型进行实证检验。由于第三章和第四章中的研究变量难以利用可获取的数据进行衡量，所以采用问卷调研的方法，问卷的设计根据研究内容，采用国外相关研究中的成熟量表，以中国的制造企业为调研对象收集数据。本调研选取了代表我国不同经济发展水平的珠三角地区和中部地区的企业作为调研对象。由于问卷的测量量表使用的是英文文献中的成熟量表，故我们进行了翻译，

并在正式发放问卷前进行了小范围的预调研，根据被调研者的反馈信息修改了不易被理解的内容，保证问卷内容容易理解。为了让被调查者能如实填写自己的看法，我们在问卷中进行了特别说明，问卷调研结果旨在做总体情况分析，不涉及具体某个企业和个人的信息。本次调研通过三种方式完成，即电子邮件、实地拜访、展会。在实地和展会调研中，在被访问者填写问卷的过程中，调研者与其进行了充分沟通，保证被访问者对问卷的理解准确。在电子邮件调研中，我们也在邮件中对本次调研的目的、问卷的保密性等做了详细的说明。被调研者绝大部分为了解企业全局信息的中高层管理人员，在问卷填写过程中，当题项涉及不了解的信息时，被访者及时询问了相关人员。

③在进行计量分析之前，对所使用的数据进行细致的整理，并运用因子分析方法提取因子，对问卷数据做信度和效度检验，保证数据质量。

④在实证检验中，运用了多元回归分析、结构方程模型等方法检验了企业社会责任内化影响因素的作用路径和机制。具体研究技术路线如图 1 所示。

二、研究内容及结构安排

在上述研究问题的基础上，本书制定了研究的基本结构与框架（图 2）。首先提出研究问题，梳理现有文献，讨论研究的重要意义，然后提出问题解决的可能途径。在解决问题的过程中，提出了理论模型，进行了理论机制分析，并通过实证检验验证了理论假设的可靠性。

如图 2 所示，本研究通过绪论和 5 章内容展开，具体内容如下。

绪论部分基于我国企业社会责任履践过程中的现实问题和当前相关研究领域的空白，对本书拟解决的问题进行阐述，并且对研究的理论意义与实践意义做了说明；提出研究的技术路线，对本书的结构内容与框架做出安排，并阐明了本研究的主要创新点。

第一章在现有相关实证文献的基础上进行理论综述。主要对与本研究相关的现有实证类文献进行梳理与评论。采用归纳方法将企业社会责任相关实证研究划分为六大类：①如何构建企业社会责任最佳实践；②企业社会责任实践的全球传播；③企业履行社会责任的影响因素；④企业履行社会责任对企业绩效的影响；

⑤企业社会责任与质量管理、信息管理等其他管理系统的集成；⑥企业社会责任审计、信息披露和咨询。在上述分类基础上，提出现有研究的空白领域和未来可能的研究方向。

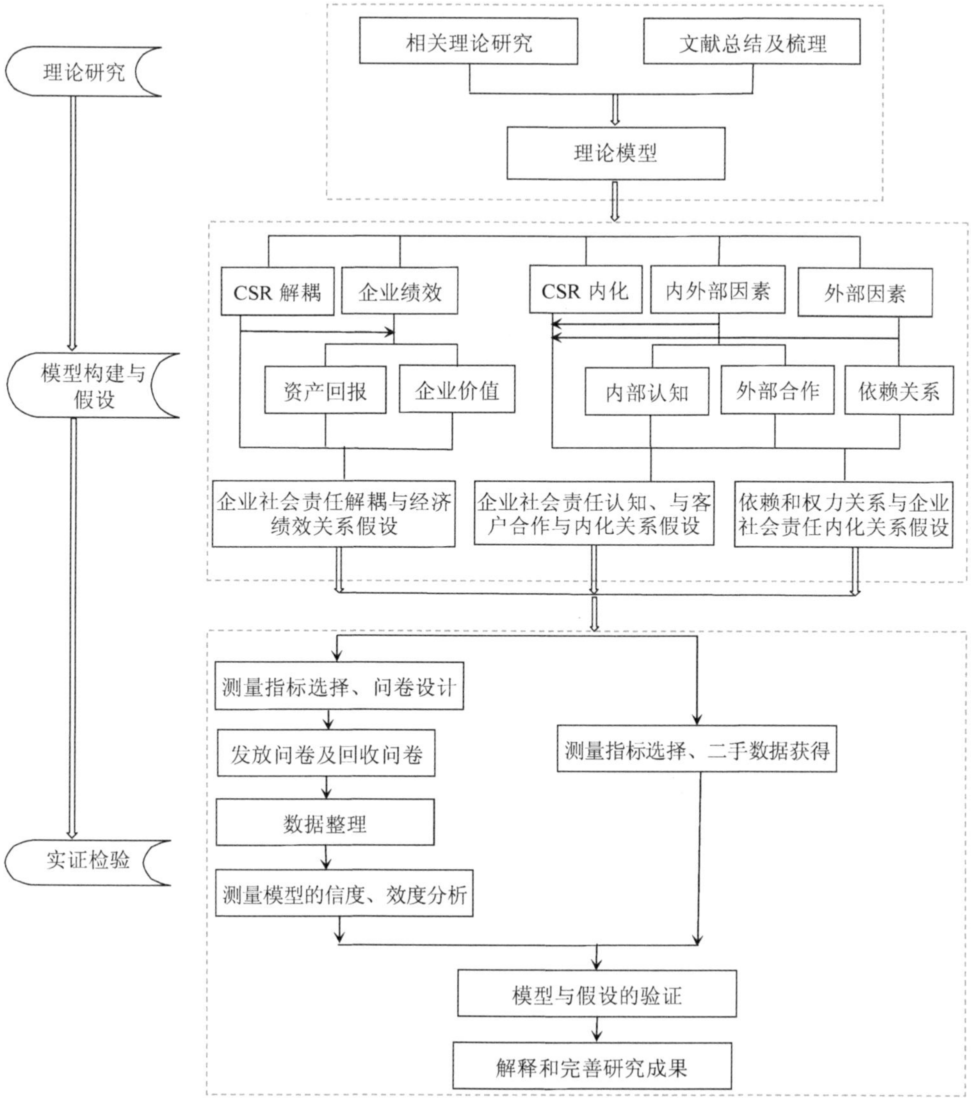

图 1　研究技术路线

注：CSR 为企业社会责任。

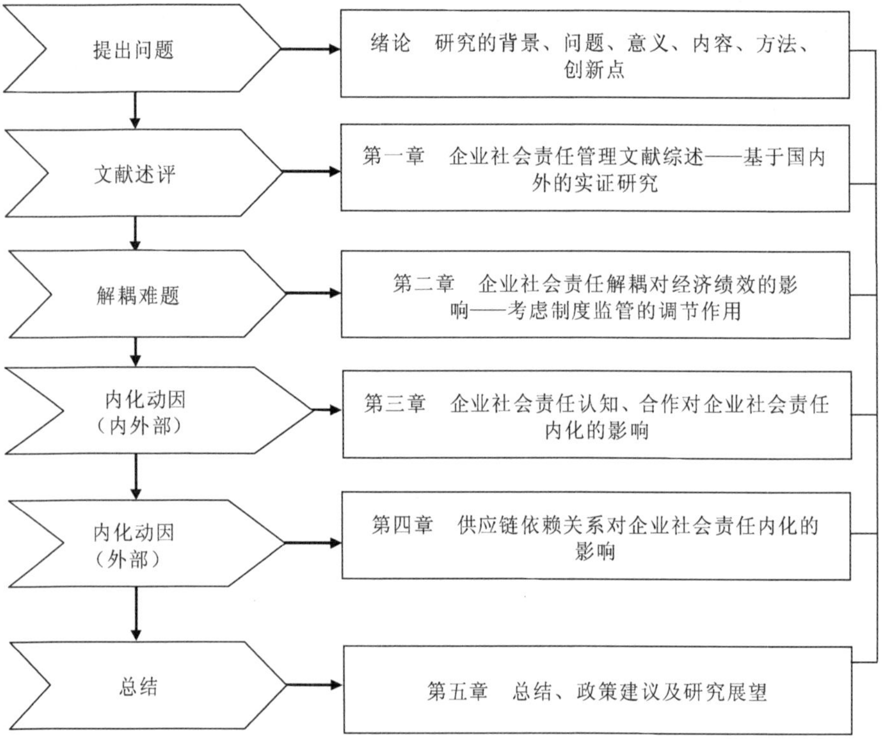

图2 基本结构与框架

第二章介绍了企业社会责任解耦、制度监管与经济绩效。构建理论分析模型，对企业社会责任解耦如何影响企业经济绩效，以及企业社会责任违规披露对其关系的调节进行了理论解释，并利用2016—2017年润灵环球社会责任报告评价指数及企业社会责任能力成熟度指数数据，识别了企业社会责任解耦程度差异，实证检验了理论模型。实证结果发现：①企业披露的社会责任信息和企业内部实际社会责任行为总体上呈现出不一致趋势，存在社会责任解耦的事实；②企业社会责任解耦显著正向影响了企业短期经济绩效，而对企业长期经济绩效的影响是负向的；③政府制度监管（企业社会责任违规披露）水平越高，企业社会责任解耦对企业经济绩效的正向影响越小，负向影响越大。这些发现说明，企业社会责任解耦虽然提高了企业短期经济绩效，但要以企业公司价值的削弱为代价。在政府制度监管环境下，企业社会责任解耦对企业经济绩效的正向影响变小，负向影响变大。企业对自身社会责任行为进行再思考并重塑企业社会责任价值观，外部利益相关者辨别企业社会责任真伪，监管者在政策决策中引导企业“言行一致”的社会责任行为具有重要的现实意义和理论价值。

第三章介绍了企业社会责任认知、客户与企业社会责任合作对企业社会责任内化的影响。通过对中国企业问卷调研数据的实证分析解决以下问题：在中国企业中，来自企业内部和外部的社会责任认知与客户社会责任合作两个因素能够正向驱动企业社会责任内化，二者谁的作用更大？社会责任内化程度的不同是否是造成中国企业社会责任表现参差不齐的关键因素？社会责任认知和客户与企业社会责任合作对社会责任内化的影响是否具有互补效应？研究发现，企业社会责任认知和客户与企业社会责任合作对企业社会责任内化都产生了积极的影响，客户与企业社会责任合作影响相对更大。此外，企业社会责任认知和客户与企业社会责任合作对企业社会责任绩效的正向影响关系被企业社会责任内化完全中介。研究还发现，社会责任认知和客户与企业社会责任合作对社会责任内化的影响是互斥的而不是互补的。这就说明，中国企业社会责任内化受到企业内部的社会责任认知，以及客户与企业社会责任合作的双重驱动，而受外部合作的驱动更强。

第四章介绍了供应链依赖关系对企业社会责任内化的影响。本书第三章实证检验了客户与企业展开的社会责任合作对企业社会责任内化的影响相对较大，那么在供应链背景下，企业与客户的依赖和权力关系是否会对客户与企业社会责任合作产生影响，并进而影响企业社会责任内化，其影响机制中又有哪些情境因素，这些是本章需要解决的问题。基于 247 家我国企业的问卷调研数据，考察了在供应链背景下企业与客户的依赖和权力关系对企业社会责任内化的影响；基于资源依赖理论，从依赖和合作的视角出发，遵循“依赖—合作—内化”理论逻辑，探索企业与客户依赖关系特征如何增强企业社会责任内化；讨论客户与企业社会责任合作中介绍了企业与客户依赖对企业社会责任内化的影响，企业与客户信任如何调节企业与客户依赖关系以及客户与企业社会责任合作之间的关系。研究发现，企业对客户依赖和企业与客户联合依赖（Joint Dependency）正向影响客户与企业社会责任合作及企业社会责任内化，客户对企业依赖和企业与客户依赖不对称负向影响客户与企业社会责任合作及企业社会责任内化。

第五章为全书总结与政策建议。对本研究的实证发现进行了归纳和总结，并进一步讨论了本研究的理论贡献与实践价值，最后在推动中国企业社会责任内化实践方面提出了相关的政策建议，为未来研究指明方向。

三、研究的创新点

第一，在制度理论、社会认知理论、社会交换理论和资源依赖理论基础上，对企业社会责任履践过程中的解耦和内化进行了研究。当前国内外在企业社会责任领域的研究成果较丰富，但研究对象聚焦企业社会责任活动相关内容及结果，而对企业社会责任履践中的组织行为问题则很少研究。对企业社会责任解耦和内化展开讨论，不仅丰富了制度理论在企业社会责任问题研究中的应用，还使理论界和实践界对我国社会责任履践的现状和改善途径形成了一个更清晰的认识。

第二，对企业社会责任解耦程度进行了测量，从制度理论的“效率”视角和“合法性”视角讨论了企业社会责任解耦对经济绩效的“双刃剑”效应，探讨了制度环境因素（企业社会责任违规披露）对二者关系的影响。从“效率”视角来看，企业社会责任解耦行为能够通过社会责任成本的节约，带来短期经济效益，但是从“合法性”视角来看，这会削弱长期经济绩效，同时企业社会责任违规披露对企业社会责任解耦和企业经济绩效的影响具有负向影响。现有研究仅对企业社会责任虚假信息披露等现象进行了探讨，本书更进一步，就企业社会责任“言行不一”的程度，即对外展示的社会责任形象和实际的社会责任行动之间的差异进行测量，以及其对企业经济绩效的影响和影响二者关系的外部因素进行探讨。而对这一问题的剖析，不仅有助于洞察企业社会责任解耦对企业经济效益的实际影响，也为企业社会责任相关决策提供理论支持。

第三，从企业内部、外部视角，讨论了企业内部的社会责任认知、外部与客户社会责任合作对企业社会责任内化的影响，同时对内部、外部因素进行分析，比较了企业社会责任认知、企业与客户社会责任合作二者对企业社会责任内化的影响强度，分析了二者协同的影响，使人们对企业社会责任内化的形成过程有一个更全面的理解。

第四，从供应链视角讨论企业与客户依赖关系对企业社会责任内化的影响，丰富和补充了供应链背景下企业社会责任相关研究。现有相关研究重点关注供应链压力因素，即企业对客户的单边依赖对企业社会责任履践行为的影响，而没有考虑供应链上不同的依赖关系特征（如联合依赖和依赖不对称）对企业社会责任内化行为的影响。本书基于供应链视角，探讨了供应链上企业与客户不同的依赖关系特征对企业社会责任内化所产生的不同影响，弥补了当前研究的空白，也为企业认识并平衡企业与客户依赖关系，同时利用这种关系促进企业社会责任内化提供了理论依据。

第三节　关键概念界定

一、企业社会责任解耦

组织中解耦的概念源自新制度理论开创者 Meyer 等的观点。在组织运行中，广泛存在组织的正式制度和实际运营脱钩的现象和行为，Meyer 等从组织环境的角度对这种行为进行了理论解释，为我们剖析这种现象提供了一个清晰的视角。按照新制度主义的观点（Meyer et al.，1977），技术环境和制度环境是组织生存不容忽视的两种环境，制度环境不同对组织的要求也不同。技术环境更关注组织效率，即按照利润最大化原则安排组织运营活动；制度环境则更强调合法性，要求采用那些“广为接受”的组织形式和做法，而忽视了组织效率。这两种环境对组织的行为要求是矛盾的，这种矛盾可以通过组织的正式结构与关注效率行动之间的解耦解决（Brown，1991）。

企业社会责任解耦借鉴 Tashman 等的研究（2018），可定义为组织在面对制度环境（如政府规制、供应链压力等）和内部成本效率双重压力时，其对外展示的社会责任形象和实际社会责任行动脱钩的行为。企业之所以披露社会责任信息，目的是提升企业社会责任形象。但是许多企业披露的社会责任信息与运营实践中的社会责任往往不一致，从而导致企业社会责任解耦。润灵环球（RSK）发布的企业社会责任报告评价指数，是对企业对外披露的社会责任信息所做的评价，反映企业对外展示的社会责任形象，企业社会责任能力成熟度指数则反映企业实质性社会责任表现。因此，借鉴 Marquis 等（2016）开发的测量方法，企业社会责任解耦可用 RSK 社会责任报告评级指数与企业社会责任能力成熟度指数的差值来衡量，得分越高意味着企业的社会责任报告水平越高于企业社会责任实际履责表现。这种测量方法相对于现有企业社会责任衡量方法明显有所改善，现有主要依靠企业社会责任信息披露情况进行评估的方法，并不能反映企业的真实履责情况。

二、企业社会责任内化

内化概念的发展经历了一个由个体心理学领域向组织行为学领域、由关注内化心理过程向关注内化行动表现的转化。心理学家 Vygotsky（1994）指出内化是从外部的、心理间的活动形式向内部的心理过程的转化，反映了人的心理变化机制。而后，内化概念被应用于知识管理理论（Nonaka，1995），提出组织知识可以划分为显性知识和隐性知识，内化是显性知识被组织内部吸收、消化，并升华为隐性知识的过程。在这些研究中，内化强调的是心理发展变化的过程，但仍局限在个体心理学领域。国内学者张兰和宋金华（2011）的研究把内化概念从个体心理层面转向组织层面，探讨了企业环境责任内化过程。自 Briscoe 等学者（2005），以及 Naveh（2014）等在质量管理领域的研究中将内化定义为一种企业实践以后，在质量管理体系内化和环境管理体系内化（Nair et al.，2009）研究中内化（Castka et al.，2013；Qi et al.，2012）被视为一种运营实践过程。企业社会责任管理体系和质量管理体系、环境管理体系在形式、内容上具有相通性，且都离不开理念、制度、规则等显性知识的支持，因此，借鉴现有的研究内容，企业社会责任内化可以定义为包括制度、原则、战略、理念等在内的企业社会责任管理体系在企业日常运营中的落实行动。

三、企业社会责任认知

企业社会责任的定义表现为多维度，包括了企业社会责任概念（Bowen，2013）、企业社会回应（Frederick，1994）、企业社会表现（Carroll，1979）三个方面。由于企业社会责任概念具有多维度和动态演化的特征，企业社会责任认知概念也表现为动态发展的多维度性，包括概念认知、行为认知和绩效认知。本书主要关注企业对履行社会责任重要性的认知，即关注企业履行社会责任会给企业自身带来多大的利益，以及企业履行社会责任是否重要等问题。

四、客户与企业社会责任合作

在供应链中，企业与其上下游成员的合作内容涉及质量改进、产品开发和广告等多个领域。企业实施社会责任不仅会影响企业绩效，而且会受企业内外部不同利益相关者的影响。因此，企业与外部的社会责任合作包含了不同的合作对象和内容。本书的客户与企业社会责任合作主要指企业以供应商的角色与处于供应链下游的客户就社会责任方面展开的合作，具体表现为企业和客户通过信息共享、沟通、成本分担、利润共享等方式，共同提高企业社会责任履行能力。

五、企业与客户依赖关系

组织间依赖不论其依赖程度均衡与否，双方的依赖关系都会存在，因此，衡量组织之间的依赖关系不仅应该考虑一方对另一方单向的依赖，也不能忽视组织之间的相互依赖关系。本书根据 Emerson（1962）等的方法，衡量了双方关系中相互依赖度的总和与差异，这一方法把组织间依赖的两个维度在同一个理论模型中进行统一，受到了广泛认可（吕文晶等，2017）。本书对企业与客户依赖关系的衡量，考虑了企业对客户的依赖、客户对企业的依赖、不对称依赖和联合依赖四个方面。

第一章　企业社会责任管理文献综述
——基于国内外的实证研究

企业社会责任（Corporate Social Responsibility，CSR）概念在 20 世纪 20 年代被首次提出，Sheldon（1924）在《管理的哲学》中，认为企业社会责任是公司经营者满足企业外部人们各种需求的责任，具有强烈的道德内涵。之后的几十年中，理论界关于什么是企业社会责任，以及企业是否应当承担社会责任的文献开始变多，而有关企业社会责任的定义也有多种，Dahlsrud（2010）统计出了 37 个不同的定义。但是，学者们一致认为，Bowen（1953）是最早系统地对企业社会责任进行了定义的人，他认为企业社会责任体现了企业的目标和价值观，这一价值观贯穿企业制定政策、进行决策的全过程。Bowen 认为，虽然企业社会责任并非解决社会问题的“灵丹妙药”，但它事关企业的可持续发展。关于企业是否应当承担社会责任的辩论中最为著名的是 1932 年 Berle 与 Dodd 的辩论（1932）。

20 世纪 70 年代，企业社会责任的研究取得了突破性进展，学者们关于企业是否应当承担社会责任的意见趋于一致。最有代表性的如著名管理学家 Peter Drucker（1984）的研究，他认为企业履行社会责任和盈利目标并非必然会产生冲突，企业履行社会责任能够给企业带来更多的商业机会。与此同时，学者们对企业社会责任内涵的认识更加深入，如 Murray（1986）提出了社会责任的三个维度，包括 Social Responsibility（社会责任）、Social Performance（社会绩效）、Social Responsiveness（社会响应）。一些研究认为，企业是否应当承担社会责任、承担何种责任，已经不是争议的关键问题，而关于哪些因素能够驱动企业实施社会责任、企业对社会和环境有什么影响，以及承担社会责任对企业的影响的研究更具有现实意义。之后出现了大量以原因和结果为导向的研究，企业社会责任的研究方向也转变为对衡量企业社会责任绩效的实证研究（李国平等，2014）。

有学者指出，20 世纪 80 年代以后，关于企业社会责任的研究开始向多个领域扩展，包括利益相关者理论、商业伦理、可持续发展等领域（Carroll et al.，2010），而且大家开始把研究重心聚焦在企业社会责任的具体内容、实证研究等方面。

近年来，企业社会责任实证研究的发展加深了人们对企业社会责任的认识，同时也唤起了公众对企业社会责任的重视。对实证研究文献的梳理，有助于全面了解当前企业社会责任实证研究的现状及其进展，探讨未来企业社会责任研究的方向。本章主要解决以下三个问题。

第一，在前人研究的基础上，对企业社会责任的研究领域进行归纳分类。为了实现这一目标，采取以下方法进行文献检索：首先，以汤森路透的 Web of Science 数据库为数据源，检索题目、摘要、关键词、主题词中包含“Corporate Social Responsibility”“Social Responsibility”或“CSR”的文献，获得企业社会责任相关英文文献；其次，采用与英文检索相对应的关键词，即“企业社会责任”“社会责任”或“CSR”，以中国知网（CNKI）、万方、维普网数据库为数据源进行检索，获取企业社会责任相关中文文献；最后，通过百度学术搜索引擎进行检索，将检索结果与数据库检索结果进行比对，补充遗漏的论文，尽可能全面地获取企业社会责任相关论文。在 Web of Science 数据库中搜索到 2001—2018 年发表的 699 篇文献，在 CNKI 数据库中搜索到 2006—2018 年发表的 114 篇文献。

为了保证纳入综述的论文质量，对搜索的论文做了以下筛选：①为了保证实证研究的质量，仅选用《科学引文索引》（SCI）和《中文社会科学引文索引》（CSSCI）中的文献，因为是否被 SCI 和 CSSCI 收录是学术期刊质量评价的重要指标之一。②因为本章限定为对实证研究的综述，所以排除了概念性论文和定性研究的论文。

根据以上方式筛选出了在 41 种不同期刊上发表的 59 篇英文文献，应用文献追溯的方法，对 59 篇文献索引和被引的情况进行了追溯，在该过程中又产生了 18 篇论文。因此，本书考虑和分析了共 77 篇英文论文。同时有 56 篇中文论文纳入本章的综述研究，它们都是实证论文和被学术界普遍认可的高质量论文。因此，共有 133 篇中英文文献纳入本章研究。

对 133 篇文献进行了归纳分类后，认为企业社会责任相关研究领域可以归纳为企业社会责任的最佳实践，企业社会责任实践的全球传播，影响企业社会责任实践的因素，履行社会责任对企业产生的影响，企业社会责任管理与质量管理和信息管理系统的整合，企业社会责任信息披露、审计及咨询六个领域。

第二，在企业社会责任研究领域划分的基础上，对现有研究中所采用的社会责任度量方法展开讨论。对这些度量方法的内容、应用及优缺点进行分析，有利于对更科学、合理的度量方法的探索。

第三，在企业社会责任研究领域划分的基础上，对现有实证研究中企业社会责任实践的前因变量和给企业带来的影响（结果变量）进行了梳理分类，发现当前研究存在的空白和未来可能的研究方向。

本章为后续章节的研究提供了有用的参考，有助于帮助我们确定研究方向，其内容按以下方式组织：第一节介绍不同的研究领域和该领域的相关文献；第二节介绍企业社会责任前因后果相关研究文献；第三节对当前企业社会责任相关实证研究中的社会责任度量问题进行回顾、总结和讨论；第四节对本章进行总结，提出当前的研究缺口和未来研究的建议，为接下来几章的研究提供指引。

第一节　企业社会责任研究内容

对实证研究文献进行归纳后，把研究领域划分为以下六大模块：企业社会责任最佳实践标准的构建和应用；企业社会责任管理和实践的国际扩散；企业社会责任实施的影响因素；企业社会责任的实施对企业的影响；企业社会责任与质量管理、信息管理等其他管理系统集成；企业社会责任审计、信息披露和咨询，具体内容及相关文献见表 1-1。在时间跨度上，六大模块的研究并行发展，特别集中在近几年。

一、企业社会责任最佳实践标准的构建和应用

企业社会责任最佳实践标准构建是标准的制定过程，以及标准制定者就标准要求达成共识的过程。该领域最重要的研究侧重于发展过程中对标准要求的争论（Balzarova et al.，2012；Helms et al.，2012），实证研究较少，主要集中在概念性和定性研究中。

表 1-1　企业社会责任实证研究内容及相关文献

文献研究内容	研究文献
企业社会责任最佳实践标准的构建和应用	仰海锐等（2018）；Castka et al.（2016a）；Castka et al.（2016b）；Darnall et al.（2016）
企业社会责任管理和实践的国际扩散	Castka et al.（2016a）；Darnall et al.（2016）；Llach et al.（2015）；Zhu et al.（2013）；Zhu et al.（2012）；Qi et al.（2011）；Clougherty et al.（2008）；Delmas et al.（2008）；Corbett et al.（2006）；Kale et al.（2006）；Viadiu et al.（2006）；Neumayer et al.（2005）；Guler et al.（2002）；Corbett et al.（2001）
企业社会责任实施的影响因素	王全景（2018）；许英杰等（2018）；徐细雄（2018）；谢昕琰等（2018）；何红娟等（2017）；张雯等（2017）；赵璐（2017）；李文茜等（2017）；陈耿宣等（2016）；许晟（2016）；李颖等（2016）；冯丽丽等（2015）；吴芳等（2015）；潘佳等（2014）；衣凤鹏等（2014）；王岫等（2013）；刘晋飞（2013）；李秉祥（2013）；李彬等（2011）；陈智等（2011）；尹珏林等（2010）；Cheung et al.（2018）；Choi et al.（2018）；Gallen et al.（2018）；Li et al.（2018）；Ogunfowora et al.（2018）；Hussain et al.（2018）；Liao et al.（2018）；Chang et al.（2017）；Katmon et al.（2017）；Yuan et al.（2017）；Zhao et al.（2016）；Sancha et al.（2016）；Petrenko et al.（2016）；Kiessling et al.（2015）；Laguir et al.（2015）；Gallear et al.（2015）；Luzzini et al.（2015）；Doran et al.（2014）；Xia et al.（2014）；Agan et al.（2013）
企业社会责任的实施对企业的影响	李瑜等（2018）；赵天骄等（2018）；张强（2018）；邓秀媛等（2018）；齐丽云（2017）；宋岩（2017）；黄荷暑等（2017）；李文茜等（2017）；曹兴（2016）；熊静静（2016）；杨皖苏等（2016）；窦鑫丰（2015）；王清刚等（2015）；黄珺等（2015）；陈沉（2015）；郭如平等（2015）；谢志明等（2015）；魏如清等（2014）；王克稳等（2014）；王琦等（2014）；陶文杰等（2013）；张兆国（2013）；苏冬蔚等（2011）；王端旭等（2011）；何显富等（2011）；石军伟等（2009）；温素彬等（2009）；Axjonow et al.（2018）；Platonova et al.（2018）；Lin-Hi et al.（2018）；Levesque et al.（2018）；Mao et al.（2018a）；Mao et al.（2018b）；Oriol et al.（2018）；Malik et al.（2018）；Ahn et al.（2018）；Xie et al.（2017）；Lee et al.（2017）；Deng et al.（2017）；Li et al.（2017）；Schons et al.（2016）；Petrenko et al.（2016）；Park et al.（2016）；Lee et al.（2016）；Grekova et al.（2016）；Karolina et al.（2016）；Kiessling et al.（2015）；Luzzini et al.（2015）；Laguir et al.（2015）；Crifo et al.（2014）；Agan et al.（2014）；Xia et al.（2014）；Saeidi et al.（2014）；Lee et al.（2013）
企业社会责任与质量管理、信息管理等其他管理系统集成	Narasimhan et al.（2015）；Montiel et al.（2009）
企业社会责任审计、信息披露和咨询	秦续忠等（2018）；权小锋等（2018）；田利辉等（2017）；李志斌等（2017）；陶文杰等（2013）；孙伟等（2012）；Platonova et al.（2018）；Gallen（2018）；Malik et al.（2018）；Katmon（2017）；Darnall et al.（2016）；Castka et al.（2015）；Aravind et al.（2011）；Montiel et al.（2012）；Darnall et al.（2009）；Christmann et al.（2006）；Darnall et al.（2006）

研究“社会责任标准扩散结果”的实证论文最近才出现。这些研究涉及多个标准，主要采用创新扩散理论和态度理论进行分析。Castka 和 Corbett（2016a）采用创新扩散理论研究了治理机制和生态标签标准应用的关系，发现良好治理是采用生态标签标准的基础。此外，Darnall 等（2016）基于态度理论的研究报告提出，信任非政府环保组织的消费者更愿意购买具有森林环保（FSC）认证标签的产品。仰海锐等（2018）以 2010—2014 年上市的公司为样本，研究了企业按照社会责任标准履行社会责任与企业社会责任表现之间的关系，研究结果发现，企业应用社会责任标准能够对企业社会责任表现起到促进作用；通过样本数据分组对比发现，在低市场化环境中的企业、未经第三方审验的企业和处于非消费者敏感型行业的企业中，应用社会责任标准具有更强的促进效应。

二、企业社会责任管理和实践的国际扩散

由于供应链压力（黄伟等，2015；Corbett，2006）、行业和国家的制度压力（Guler et al.，2002）、双边贸易和各国之间的其他经济联系，企业社会责任运动在全球范围内扩散（Albuquerque et al.，2007）。这一领域研究最多的是企业社会责任标准扩散过程（Castka et al.，2015）。Castka 和 Corbett（2015）指出了两个与社会责任管理和实践传播相关但未被充分研究的效应：①冠军效应，指的是关键利益相关者（如大型跨国公司或非政府组织）在传播过程中发挥“领头羊”作用；②耦合效应，指不同标准传播过程中的联合效应，如 ISO 14001 与 ISO 9001 的传播有关。

企业社会责任管理和实践的扩散是动态的，随着企业社会责任实践的深入，涌现出了更多的标准和更好的实践，但对这些新标准，如 ISO 26000、ISO 55000 和 FSC、MSC、FairTrade 中的生态标签标准了解甚少。对发展中国家的实践扩散和不同制度背景下这些标准的跨国差异也需要进一步研究。标准的国际扩散主要集中在 ISO 9001（Clougherty et al.，2008；Kale et al.，2006；Neumayer et al.，2005）、ISO 14001（Zhu et al.，2012；Qi et al.，2011）、SA8000（Llach et al.，2015）的扩散。此外，研究人员还分析了质量和环境标准的耦合扩散或多个标准同时扩散的情况（Castka et al.，2016a）。

创新扩散理论是解释企业社会责任国际扩散的最普遍的理论。根据创新扩散

理论可知，企业履行社会责任是受内部和外部力量相互作用的影响（Llach et al.，2015；Zhu et al.，2012）。交易成本理论认为，减少机会主义和信息不对称是工业国家出口增加的原因（Clougherty et al.，2008）。来自外国客户的压力使企业社会责任实践在一个国家传播（Zhu et al.，2013；Qi et al.，2011）。向竞争对手和行业领先者学习也是社会责任实践扩散的一个重要因素（Zhu et al.，2013）。也有基于制度环境视角的研究认为，当一个国家与拥有大量社会责任标准认证的国家建立商业关系时，这个国家的企业社会责任履行情况会更好（Montiel et al.，2009；Neumayer et al.，2005；Guler et al.，2002）。

三、企业社会责任实施的影响因素

企业社会责任影响因素是实证研究最为集中的一个领域，综合国内外 41 篇文献内容，本书把影响企业社会责任实施的因素划分为五大类，包括企业特征、企业社会责任态度、管理层背景、社会背景和供应链管理。具体内容详见本章第四节。

四、企业社会责任的实施对企业的影响

企业社会责任的实施对企业的影响也是实证研究最为集中的一个领域，本书共分析了国内外 55 篇文献，具体分析和讨论详见本章第四节。

五、企业社会责任管理与其他管理系统集成

该研究领域研究企业将多项社会责任相关实践整合到一个管理系统中的方法，如整合质量、环境和社会责任管理系统。整合通过顺序或同时实施来实现，该领域存在大量研究论文（Nunhes et al.，2016）。Nunhes 等（2016）提供了关于整合关键要素的详细概述，认为高层管理责任、工作指示、文件和记录控制、内部沟通、责任感是最重要的整合要素。Simon 等（2017）指出内部和外部综合审计之间存在差异，并提供了支持内部层面更深层次整合的经验证据。标准整合是不同管理系统整合的主要内容，研究涉及环境标准（Narasimhan et al.，2015）的

整合或质量和环境标准的整合（Montiel et al.，2009）。Montiel 等（2009）采用制度理论讨论了具有冗余资源和标准化经验的公司更有可能具有整合的意愿及标准。

六、企业社会责任审计、信息披露和咨询

企业社会责任审计、信息披露和咨询领域的研究目前主要聚焦于信息披露，而关于社会责任审计和咨询的研究目前还相对较少。这主要是因为企业社会责任和企业的社会责任报告披露并不像上市公司的财务报告一样，需要遵循相关的法定规范展开审计，其审计是企业自愿的行为。尽管如此，也有少量文献就企业社会责任审计进行了研究，如 Prajogo 等（2016）关于审计导向作用的研究，Short 等（2016）关于审计团队成员配置重要性的研究。

在企业中，社会责任审计和咨询活动，主要发生在企业社会责任相关标准认证的过程中和认证后的监督过程中。根据交易成本理论，第三方监督机构允许公司获得认证，而不必持续遵守标准（Christmann et al.，2006）。信号理论的研究指出，认证公司和非认证公司之间的相同绩效结果及不同内化水平，对标准认证的可信度构成威胁。

关于企业社会责任信息公开披露的实证研究文献在近年来开始出现，有趣的是这类文献更多的是出现在财务和金融管理相关研究中。例如，田利辉和王可第（2017）在对企业社会责任信息披露和股价崩盘风险关系的研究中发现，企业社会责任信息披露对企业社会责任问题具有“掩饰效应”。也有研究探讨了低质量、欺骗性或选择性的企业社会责任信息披露对企业社会责任绩效的影响，结果发现了“烟雾弹”效应，信息披露掩盖了企业社会责任的问题（Wang et al.，2017；Marquis et al.，2016；Marquis et al.，2014）。Delmas 等（2011）的研究指出，企业社会责任报告经常歪曲或夸大企业实际的社会责任表现，意味着企业社会责任报告和企业社会责任实践发生了解耦（Decoupling）。

第二节　企业社会责任前因后果研究

一、企业社会责任影响因素研究

企业社会责任影响因素是实证研究最为集中的一个领域，通过分析 41 篇国内外文献，本书把影响企业社会责任实施的因素划分为五大类，包括企业特征、企业社会责任态度、管理层背景、社会背景和供应链管理，总结见表 1-2。

（一）企业特征

1. 企业规模

一般情况下，企业的规模越大，企业的社会责任水平就越高（Laguir et al., 2015）。一方面，企业规模越大越可能有更多的闲置资源，在社会责任方面的资源配置会更多；另一方面，企业规模越大，组织管理就越完善、越成熟，其解决社会责任问题的组织管理能力也越强。

2. 治理机制

企业社会责任行为受公司治理机制的影响，Brownetal（2016）研究发现，董事会规模正向影响企业公益捐赠行为。许英杰（2018）对内部治理机制、外部治理机制与企业社会责任能力成熟度的关系进行实证研究发现，独立董事比例越高、监事会规模越大、前三名高管薪酬总额越高，企业社会责任能力成熟度越高；从外部治理机制来看，市场化水平越高，企业社会责任能力成熟度越高。

3. 股权结构

企业所有制类型的不同，决定其经营目标和决策视野的不同，现有研究对企业所有权结构对企业社会责任的影响也展开了充分探索。国有控股企业社会责任表现总体优于非国有控股企业（许英杰，2018），因为国有控股企业相对于民营资本控股企业需要考虑就业水平、员工福利等更多的社会责任（陈耿宣等，2016）。对于国家股东来说，其自身属性决定了其需要承担更多的社会责任，在追求利润的同时需要更多地关注企业对社会福利的贡献，这就要求投资和运营决策必须权衡自身和社会利益。

表 1-2 企业社会责任影响因素的研究

研究文献	影响因素																																	
	企业特征														企业社会责任态度			管理层背景						社会环境						供应链管理				
	海外投资	企业规模	治理机制	企业研发	高管薪酬	股权结构	内部控制	财务绩效	盈利能力	成长能力	出口导向	技术创新	企业市场表现	企业集团化	社会责任关注	社会责任认知	社会责任承诺	海归高管	高管胜任力	女性高管	高管政治关联	经理防御	CEO自身行为	制度感知	制度压力	法规	媒体行业	市场环境	国家文化	供应商协同	伙伴关系	内部协同能力	外部协同能力	客户管理
王全景（2018）	√																																	
许英杰等（2018）			√																															
徐细雄（2018）																		√																
谢昕琰等（2018）				√																														
何红娟等（2017）																								√										
张雯等（2017）																			√															
赵璐（2017）					√								√																					
李文茜等（2017）												√																						
陈耿宣等（2016）					√	√																												

研究文献	影响因素																																	
	企业特征														企业社会责任态度			管理层背景						社会环境						供应链管理				
	海外投资	企业规模	治理机制	企业研发	高管薪酬	股权结构	内部控制	财务绩效	盈利能力	成长能力	出口导向	技术创新	企业市场表现	企业集团化	社会责任关注	社会责任认知	社会责任承诺	海归高管	高管胜任力	女性高管	高管政治关联	经理防御	CEO自身行为	制度感知	制度压力	法规	媒体行业	市场环境	国家文化	供应商协同	伙伴关系	内部协同能力	外部协同能力	客户管理
许晟（2016）																√																		
李颖等（2016）																				√														
冯丽丽等（2015）							√																											
吴芳等（2015）											√																							
潘佳等（2014）												√																						
衣凤鹏等（2014）																					√													
王頔等（2013）											√																							
刘晋飞（2013）			√						√	√																								
李秉祥（2013）																						√												
李彬等（2011）																									√									
陈智等（2011）																																		

研究文献	影响因素																																
	企业特征														企业社会责任态度			管理层背景						社会环境						供应链管理				
	海外投资	企业规模	治理机制	企业研发	高管薪酬	股权结构	内部控制	财务绩效	盈利能力	成长能力	出口导向	技术创新	企业市场表现	企业集团化	社会责任关注	社会责任认知	社会责任承诺	海归高管	高管胜任力	女性高管	高管政治关联	经理防御	CEO自身行为	制度感知	制度压力	法规	媒体行业	市场环境	国家文化	供应商协同	伙伴关系	内部协同能力	外部协同能力	客户管理
尹珏林等（2010）																√																		
Y L Cheung et al.（2018）						√																												
J J Choi et al.（2018）														√																				
M L Gallen et al.（2018）																													√					
X Li et al.（2018）							√																											
B Ogunfowora（2018）																											√							
N Hussain（2018）			√																															
L Liao et al.（2018）			√																															

27 研究文献	影响因素																																	
	企业特征														企业社会责任态度			管理层背景						社会环境						供应链管理				
	海外投资	企业规模	治理机制	企业研发	高管薪酬	股权结构	内部控制	财务绩效	盈利能力	成长能力	出口导向	技术创新	企业市场表现	企业集团化	社会责任关注	社会责任认知	社会责任承诺	海归高管	高管胜任力	女性高管	高管政治关联	经理防御	CEO自身行为	制度感知	制度压力	法规	媒体行业	市场环境	国家文化	供应商协同	伙伴关系	内部协同能力	外部协同能力	客户管理
Y K Chang et al.（2017）			√																															
N Katmon（2017）			√																															
Y Yuan et al.（2017）																			√															
X P Zhao et al.（2016）															√																			
C Sancha et al.（2016）																														√				
O Petrenko et al.（2016）																							√											
T Kiessling et al.（2015）																																		√
I Laguir et al.（2015）		√						√																										

研究文献	影响因素																																	
	企业特征														企业社会责任态度			管理层背景						社会环境						供应链管理				
	海外投资	企业规模	治理机制	企业研发	高管薪酬	股权结构	内部控制	财务绩效	盈利能力	成长能力	出口导向	技术创新	企业市场表现	企业集团化	社会责任关注	社会责任认知	社会责任承诺	海归高管	高管胜任力	女性高管	高管政治关联	经理防御	CEO自身行为	制度感知	制度压力	法规	媒体行业	市场环境	国家文化	供应商协同	伙伴关系	内部协同能力	外部协同能力	客户管理
D Gallear et al.（2015）																															√				
D Luzzini et al.（2015）																	√															√	√		
J Doran et al.（2014）																										√									
D Xia et al.（2014）																										√		√							
Y Agan et al.（2013）								√																		√									√

除上述企业规模、治理机制、股权结构因素外，海外投资、企业研发、技术创新、盈利能力、财务绩效等企业特征也可能影响企业社会责任行为。

（二）企业社会责任态度

在影响企业社会责任行为的因素中，企业社会责任态度被广泛研究。现有研究集中讨论了企业社会责任承诺、企业对社会责任的关注程度、企业对社会责任的认知对企业社会责任绩效的影响。如 Zhao 等（2016）实证检验了企业管理者对社会责任问题的关注程度与企业社会责任绩效的正向影响，并讨论了企业治理的调节作用。许晟等（2016）基于 524 份调查问卷进行实证检验，结果说明在中小家族企业中，社会责任认知对企业履行社会责任的动机与实践具有显著影响，且企业社会责任动机部分中介绍了企业社会责任认知到实践的关系。Luzzini 等（2015）实证检验了企业的履责行为会受到企业所做出的社会责任承诺的正向影响。

（三）管理层背景

企业高层管理者在企业社会责任相关决策中发挥着重要作用，具有不同背景的管理者对企业社会责任行为具有重要影响。徐细雄等（2018）研究发现在有“海归”任高管的企业中，本土企业与西方企业之间价值观的趋同，会促进本土企业社会责任行动。具体来讲，当公司高管团队存在“海归”成员时，企业社会责任绩效显著变好；高管团队中“海归”比例越高，企业社会责任也会绩效显著变好；相对于普通高管，董事长和首席执行官（CEO）的“海归”经历对企业社会责任绩效的促进作用更大。

李颖等（2016）基于中国文化创意产业中 202 家上市公司的数据进行研究，发现企业高管人员中女性的存在对企业承担和履行社会责任能够产生重要影响，女性高管的特征要素，如女性高管的比例、受教育程度和管理经验等对企业履行社会责任有不同程度的影响力。

衣凤鹏（2014）在实证研究中发现，企业社会责任和高管的政治关联具有显著相关性，并且两者之间的关系会受到企业所在地区市场化发展水平的影响。高管政治关联通过两个方面对企业社会责任产生作用：一方面，高管政治关联能够传递来自政府等利益相关者的压力；另一方面，高管政治关联的特征差异使企业受到利益相关者压力的程度存在差异。

除了管理层背景因素，高管胜任力、经理防御、CEO 自身行为等都会影响企业社会责任行为。

（四）社会环境

企业处于社会之中，是社会的一份子，企业的社会责任活动又与包括政府、媒体行业等在内的利益相关者有紧密联系，因此自然会受到政府规定、地区文化等社会环境的影响。

何红娟等（2017）以 157 家企业的问卷调查数据作为研究样本，对管理者所感知的制度压力与企业社会责任履行行为的关系做了实证检验，结果显示规制、规范和认知三方面压力均正向影响企业社会责任行为，并且规制压力、规范压力发挥了中介作用。李彬等（2011）从制度理论的视角，以 404 家旅游企业为研究样本，研究了制度压力（包括规制压力、规范压力和认知压力）对企业社会责任的影响，结果表明，不同的制度压力对企业社会责任的影响程度具有异质性，规范压力影响程度最大，认知压力次之，而规制压力影响的统计结果不显著。

关于社会环境因素对企业社会责任影响的相关研究，除上述制度背景因素外，现有文献还就媒体行业（Ogunfowora，2018）、市场环境（Gallen et al.，2018；Xia et al.，2014）等因素进行了研究。

（五）供应链管理

在当今市场环境中，市场竞争已经从企业之间的竞争转化为供应链之间的竞争（Christopher，1992）。企业社会责任管理已经不仅仅是单一企业的事情，供应链上合作伙伴的社会责任参与程度成为关键影响因素之一。供应链上的合作伙伴已经结成利益共同体，任何企业都不能独善其身，其运营绩效会受到来自供应链上合作伙伴的影响，如果一个企业出现社会责任问题，就会波及整个供应链。现有研究也对供应链相关因素对企业社会责任行为的影响展开了研究。例如黄伟等（2015）在对中国 12 个城市 1 268 家企业进行调查的基础上，探讨了外资企业的进入对中国企业社会责任表现的影响，结果发现，外资企业作为中国企业的客户或供应商，对中国企业社会责任表现具有不同的影响。李金华等（2019）基于利益相关者理论、企业声誉理论与权变理论，构建了监督、评估、激励、协助四维模型；基于珠三角地区制造业企业数据，验证了采购方的供应链社会责任治理机制对供应商企业社会责任产生的影响。实证结果发现，来自采购方的监督和协助显著正向影响供应商的企业社会责任，供应商的企业社会责任显著正向影响采供双方的合作关系。

二、企业社会责任履践对企业的影响研究

企业社会责任履践对企业的影响是实证研究中另一个较为集中的领域，本书共分析了国内外文献 55 篇，包括 27 篇中文文献和 28 篇英文文献。综合这些文献内容，把企业实施社会责任给企业带来的影响分为四大类，包括财务绩效、运营绩效、市场绩效和社会绩效，总结见表 1-3。

（一）企业社会责任对企业财务绩效的影响

企业社会责任对财务绩效的影响，自 20 世纪 80 年代以来，一直是学者们的讨论热点，对这一问题的廓清，有利于企业深入认识履行社会责任给企业经济绩效带来的影响，激励企业积极履行社会责任。但是，企业社会责任与财务绩效的关系目前在学界尚未达成一致意见，以股东至上和利益相关者理论为代表的研究，对此提出了截然不同的观点。股东至上理论学派认为，企业承担社会责任会导致成本增加，削弱企业财务绩效。而利益相关者理论学派则认为，企业内外部各利益相关者为企业构筑了生存环境，企业的履责对象应包括员工、供应商、客户、股东等在内的所有利益相关者，承担社会责任，会获得各利益相关方更多的支持，提升自己的品牌形象，为自身带来更多的经济价值。

表 1-3 企业社会责任履践对企业的影响研究

研究文献	企业社会责任履践对企业的影响																														
	财务绩效											运营绩效											市场绩效						社会绩效		
	ROA	ROS	ROE	MVA	TQ	ROI	经营利润	资本配置效率	银行信贷资金配置	企业避税	盈余管理	服务竞争力	供应链竞争力	客户满意	客户信任	客户忠诚	产品质量	产品成本	产能弹性	准时交付	管理预测精度	海外并购	品牌价值	企业声誉	企业竞争力	销售增长	市场份额	市场价值	员工组织公民行为	企业寿命	员工权利
李瑜等（2018）	√																														
赵天骄等（2018）								√																							
张强（2018）																							√								
邓秀媛等（2018）																						√									
齐丽云（2017）																								√							
宋岩等（2017）											√																				
黄荷暑等（2017）									√																						
李文茜等（2017）																									√						
曹兴等（2016）	√				√																										
熊静静（2016）																												√			
杨皖苏等（2016）	√																														
窦鑫丰（2015）	√																														

研究文献	企业社会责任履践对企业的影响																													
	财务绩效											运营绩效											市场绩效						社会绩效		
	ROA	ROS	ROE	MVA	TQ	ROI	经营利润	资本配置效率	银行信贷资金配置	企业避税	盈余管理	服务竞争力	供应链竞争力	客户满意	客户信任	客户忠诚	产品质量	产品成本	产能弹性	准时交付	管理预测精度	海外并购	品牌价值	企业声誉	企业竞争力	销售增长	市场份额	市场价值	员工组织公民行为	企业寿命	员工权利
王清刚等（2015）																												√			
黄珺等（2015）																												√			
陈沉（2015）			√																												
郭如平等（2015）																								√							
谢志明等（2015）						√	√																			√	√				
魏如清等（2014）	√																														
王克稳等（2014）	√		√																												
王琦等（2014）	√																														
陶文杰等（2013）	√																														
张兆国（2013）	√																														
苏冬蔚等（2011）	√				√																										
王端旭等（2011）					√																										
何显富等（2011）																													√		
石军伟等（2009）																									√						

研究文献	企业社会责任履践对企业的影响																														
	财务绩效											运营绩效											市场绩效						社会绩效		
	ROA	ROS	ROE	MVA	TQ	ROI	经营利润	资本配置效率	银行信贷资金配置	企业避税	盈余管理	服务竞争力	供应链竞争力	客户满意	客户信任	客户忠诚	产品质量	产品成本	产能弹性	准时交付	管理预测精度	海外并购	品牌价值	企业声誉	企业竞争力	销售增长	市场份额	市场价值	员工组织公民行为	企业寿命	员工权利
温素彬等（2009）	√																														
A Axjonow et al.（2018）																								√							
E Platonova et al.（2018）	√																														
N Lin-Hi et al.（2018）																								√							
C Levesque et al.（2018）																															√
C W Mao et al.（2018a）	√																														
C W Mao et al.（2018b）										√																					
I Oriol et al.（2018）															√	√															
M S Malik et al.（2018）	√																														

研究文献	企业社会责任履践对企业的影响																														
	财务绩效											运营绩效											市场绩效						社会绩效		
	ROA	ROS	ROE	MVA	TQ	ROI	经营利润	资本配置效率	银行信贷资金配置	企业避税	盈余管理	服务竞争力	供应链竞争力	客户满意	客户信任	客户忠诚	产品质量	产品成本	产能弹性	准时交付	管理预测精度	海外并购	品牌价值	企业声誉	企业竞争力	销售增长	市场份额	市场价值	员工组织公民行为	企业寿命	员工权利
S Y Ahn et al.（2018）																														√	
X Xie et al.（2017）	√	√																													
D Lee et al.（2017）																					√										
X Deng et al.（2017）														√																	
D Li et al.（2017）																												√			
L Schons et al.（2016）	√						√																								
O V Petrenko et al.（2016）	√			√	√																										
E Park et al.（2016）												√	√	√																	
S Y Lee et al.（2016）																	√	√	√	√											
K Grekova et al.（2016）							√											√													
Karolina et al.（2016）	√																									√		√			
T Kiessling et al.（2015）	√																														
D Luzzini et al.（2015）																		√													

研究文献	企业社会责任履践对企业的影响																														
	财务绩效											运营绩效											市场绩效						社会绩效		
	ROA	ROS	ROE	MVA	TQ	ROI	经营利润	资本配置效率	银行信贷资金配置	企业避税	盈余管理	服务竞争力	供应链竞争力	客户满意	客户信任	客户忠诚	产品质量	产品成本	产能弹性	准时交付	管理预测精度	海外并购	品牌价值	企业声誉	企业竞争力	销售增长	市场份额	市场价值	员工组织公民行为	企业寿命	员工权利
I Laguir et al.（2015）	√																														
P Crifo et al.（2014）							√																								
Y Agan et al.（2014）						√	√											√						√			√	√			
D Xia et al.（2014）							√																			√					
S P Saeidi（2014）	√	√				√	√																	√		√	√				
P K C Lee et al.（2013）							√																			√					
Y Agan et al.（2013）							√																	√		√					

利益相关者理论得到了大多数学者的认同，在此基础上开展了大量实证研究，研究结果存在较大差异。多数研究结果显示企业履行社会责任对财务绩效具有积极的影响。李瑜等（2018）以我国西部27家中小型上市公司为样本，实证检验了西部地区中小型企业社会责任与财务绩效呈显著正相关，企业加大环境治理投入可长期促进企业财务绩效。赵天骄等（2018）基于以沪深A股上市公司为样本的研究发现，发布社会责任报告短期内对企业资本配置效率无明显影响，长期则可以提升资本配置效率。张兆国（2013）也提出企业履行社会责任对企业经济绩效有正向影响但存在滞后效应。朱慧明等（2019）研究了社会责任投入和研发投入对企业绩效的影响，实证结果发现，社会责任显著正向影响所有企业的短期绩效和高利润企业的长期绩效；研发投入会显著降低利润较高企业的短期绩效，但会显著促进其长期绩效。

虽然上述研究发现了企业履行社会责任会对企业经济绩效产生正向影响，但仍然存在相反结论。温素彬等（2008）从多元资本共生理论的视角，将利益相关者按照资本形态进行了重新定义，把企业利益相关者划分为社会、货币、生态、人力四类，并据此构建了利益相关者模型，研究结果发现，企业社会责任负向影响当期财务绩效；但正向影响长期财务绩效。宋岩等（2017）以沪深两市A股制造业上市公司为研究对象，基于2012—2014年的面板数据进行实证研究，发现企业社会责任与应计盈余管理、真实盈余管理均呈显著负相关。黄荷暑等（2017）以2008—2013年沪深两市披露社会责任报告的A股上市公司为样本，考察了企业社会责任对银行信贷资金配置效率的影响和信息透明度在其中的调节效应，结果发现，企业社会责任和企业获得的信贷资金支持及贷款期限呈正相关。

曹兴等（2016）从政府、客户、供应商、环境、社会等角度，以2013—2015年跨国上市企业为样本，研究了企业对不同利益相关者的责任对企业绩效的影响，实证研究发现当期对供应商、员工、客户、股东的责任表现与当期托宾 Q 值[①]呈现不同的影响关系。

① 托宾 Q 值：Tobin'Q 值，影响货币政策效果的原因之一，被定义为一项资产的市场值与其重置价值之比。

（二）企业社会责任对企业运营绩效的影响

关于企业履行社会责任对企业运营绩效的影响，涉及客户管理、供应管理、产能管理、交付管理等运营管理的诸多方面。目前，虽然我国一些学者研究了企业履行社会责任对企业运营活动的影响，如对海外并购活动的影响（张强，2018），但关于企业社会责任对企业财务绩效影响的研究，尤其是针对中国情景的相关研究相对匮乏。然而，西方学者对这一问题进行了较为广泛的研究。

Iglesias 等（2018）实证检验了企业履行社会责任能够提升客户信任和客户忠诚度。在 Lee 等（2017）的实证研究中，企业社会责任和企业预测精度之间存在相关关系，但是这种关系只在 2001 年企业社会责任信息披露制度出台之后逐渐开始显著，并实证检验了企业社会责任对企业组织能力（包括产品成本、产能弹性、产品质量、准时交付等）的影响。Grekova 等（2016）以土耳其 139 家食品和饮料制造企业为研究样本，实证检验了企业与供应商和客户的环境合作活动对企业内部运营的影响，发现其对成本节约有显著的正向作用。Deng 等（2017）的实证研究发现企业履行社会责任对企业满意度具有显著的正向影响。

（三）企业社会责任对企业市场绩效的影响

现有研究也讨论了企业履行社会责任对企业市场绩效的影响，这种影响体现在两个方面：一方面，企业履行社会责任可以提升企业在公众中的形象，增加企业品牌价值；另一方面，企业履行社会责任可以提高产品和服务质量，从而减少监管审查。这两个方面都可以带来企业市场价值的提升。

国外关于环境绩效与市场绩效的相关研究起步较早。在理论基础上，主要借助资源基础理论、利益相关者理论和资本市场有效性理论；在研究方法上，以事件研究法、内容分析法、指数法为主。资源基础理论的核心思想认为稀缺的、难以模仿的、无法替代的资源构成企业核心竞争能力。Michael（1997）基于资源基础理论提出，企业在社会责任方面的投资可以转化为企业的核心竞争能力。

张强（2018）基于社会网络视角，把企业社会责任网络嵌入划分为结构嵌入、关系嵌入和认知嵌入三种，并分析了三者对制造业企业品牌价值的影响机理，发现前两者对企业品牌价值具有显著影响，而认知嵌入对品牌价值的提升没有得到验证。齐丽云（2017）以 ISO 26000 和 GRI 指南为基础将企业社会责任划分为八个维度，以我国 203 家企业为样本，探讨多元化和专业化战略下企业社会责任对企业声誉的影响，结果说明，经济责任对情感声誉、环境责任对认知声誉影响不显著，但是劳动实践、公平运营、消费者责任、责任治理、环境责任和社区发展六个方面对企业声誉都具有显著影响。李文茜等（2017）以 419 家高新技术行业上市公司为样本，以利益相关者理论为透镜，分析了高新技术企业的研发投入、技术创新产出及企业社会责任对企业竞争力的影响，结果显示，高新技术企业的研发投入能够有效地转化为企业的技术创新产出，履行社会责任能够提升技术创新产出转化为企业竞争力的效率。张思雪等（2018）以新兴市场或发展中国家的企业为样本，探讨了创新和企业社会责任与我国产品海外形象的关系，结果发现，市场的创新、技术的创新和消费者感知的企业社会责任都能提升我国产品在发展中国家的海外形象。

（四）企业社会责任对企业社会绩效的影响

何显富（2011）基于社会交换理论对国内某大型制造企业 239 名员工进行访谈，探讨了企业履行社会责任对员工态度和行为的影响和作用机制。研究结果说明了企业重视社会责任的履行对员工社会责任的重要性，这为企业的人力资源政策制定提供了理论依据。Ahn 等（2018）论述了企业生存期的长短不仅取决于经济绩效，也受社会绩效的影响。

第三节 企业履行社会责任的衡量方法

在企业社会责任相关实证研究中，如何对企业社会责任的实施程度和企业履行社会责任的绩效进行量化是当前研究面临的难点，论其原因主要包括以下两个方面：一方面，企业社会责任内涵广泛、复杂且没有统一标准，其发展是一个不断扩展的动态演变过程，既包括环境和员工健康安全等领域，又包括慈善捐赠、反腐等多个方面，这也是时至今日企业社会责任概念依然存在争议的原因之一。另一方面，由于在履行社会责任方面，企业社会责任表现参差不齐，有些企业只是迫于制度压力履行了强制性的社会责任；有些企业甚至在现实中把履行社会责任当作营销噱头，还有一些企业则把履行社会责任当作自身应尽的义务，最大化、自愿地履行社会责任。这些都给企业社会责任的量化带来了难度，而我国市场缺乏对企业社会责任的绩效评估，导致企业存在认识和实践的问题（潘少华，2017）。当前，学术界主要采用以下衡量方法。

一、第三方机构发布的社会责任相关指数

声誉指数法是现有研究中用来测量企业社会责任的常见方法之一，由于企业社会责任是企业对所有利益相关者的责任，履责表现直接影响企业在公众心目中的声誉，因此企业社会责任绩效可以通过声誉指数进行衡量。因为企业社会责任和企业社会责任绩效直接相关，用声誉指数法对企业社会责任进行评价和测量具有现实依据。Moskowitz（1972）创建声誉指数法用来测量企业社会责任履行状况，之后这一方法又在学者们的进一步研究中得到改进（Shane et al.，1983）。也有一些学者采用国际上常用的评级体系进行衡量，如 Zhao 等（2016）采用 SNAI 评级体系，Oleg 等（2016）采用 KLD 指标评价体系。此外，当前润灵环球发布的企业社会责任报告评级指数，以及中国社会科学院企业社会责任研究中心发布的企业社会责任能力成熟度指数也是现有研究常用的衡量指标。

二、内容分析法

内容分析法也是现有研究中企业履行社会责任绩效的常用测量方法之一。Bowman 等（1975）是内容分析法的最早使用者。内容分析法主要是通过收集并分析企业公开发布的社会责任报告内容、上市公司年度报告中有关企业社会责任的内容、公司官方网站和公众媒体发布的企业社会责任履行内容、企业社会责任标准贯标情况等内容，衡量企业社会责任表现的方法。

三、问卷调查法

问卷调查法是广泛使用的一种企业社会责任绩效衡量方法。该方法一开始被

Aupperle 等（1985）所应用，他们以 Carroll（1979）提出的包括经济、法律、道德和慈善四个方面内容在内的企业社会责任为基础，编制企业社会责任导向量表，该量表被广泛运用到企业社会责任的调查问卷中。

以上是应用最为广泛的三类方法，也有少量研究提出了新颖的观点，例如，对于企业社会再投资行为（Simpson et al.，2002），网络数据包络分析法（DEA）（Chen et al.，2010）也被用来衡量企业在社会责任履行方面的表现。

三类方法各有优势和缺陷。例如，采用第三方机构发布的社会责任相关指数的优点在于数据容易获取、样本量大，同时期数据标准具有一致性，但这一方法也具有主观性强、评估过程不透明等缺陷；内容分析法的数据易获得，但其存在的问题是企业披露社会责任的内容和程度不同，并且存在过度美化社会责任形象等弊端，这就造成选择数据样本更偏向那些公开披露社会责任信息的企业，而忽视了没有进行信息披露的企业，存在样本选择性偏误的可能，并且所搜集的数据不一定能够确切地反映企业实际的社会责任履行现状；问卷调查法则具有数据结果容易量化、调查结果便于处理和统计分析等优点，但是存在问卷设计方面的困难，并常常会受到被调查者背景、目的、动机、思维等因素的干扰。

第四节　现有研究述评与未来研究展望

本章对企业社会责任相关实证研究做了系统的综述，主要贡献有三个方面：首先，采用归纳方法，总结了企业社会责任相关的六大研究领域，使读者对当前企业社会责任相关研究内容、研究重点、研究趋势、研究空白有了一个大概的了解。其次，重点梳理了企业履行社会责任前因和后果的研究，对其前因变量和结果变量进行了归纳分类，使读者对当前企业履行社会责任的影响因素和影响结果形成了一个框架轮廓。最后，通过对文献的梳理，总结了现有研究中常见的对企业履行社会责任表现进行衡量的方法，并分析了各种方法的优缺点。本节将讨论关于企业社会责任履行的研究空白和未来研究主题。

一、现有研究述评

（1） 企业社会责任相关实证研究领域广泛、内容丰富，从社会责任标准到社会责任实践，从企业履行社会责任的前因到后果，从社会责任管理和相关管理系统的整合到社会责任第三方审核、社会责任信息披露和咨询，全方位涉及企业社会责任管理的多个方面。然而，在研究内容上，关于企业社会责任解耦和企业社会责任内化的实证研究还十分匮乏。究其原因，对这一领域展开研究可能存在以下难点：第一，对企业社会责任解耦变量进行测量缺乏数据支持，测量需要综合反映企业对外展现的社会责任的数据和企业社会责任实践实质性数据进行，这给该领域的实证研究带来了困难；第二，企业社会责任内化变量是从一般社会责任活动中分离出来的反映企业社会责任实施程度的变量，其影响因素的研究目前非常匮乏，缺乏理论的支持。

我国目前正处于经济转型期，如何促进我国企业社会责任管理的深化落实已成为企业可持续发展亟待解决的重要问题之一。学者们已经开始关注企业社会责任实施过程中的“言行不一”行为对社会责任绩效和经济绩效的影响，但仅停留在理论层面，缺少实证检验。此外，也有学者提出受企业内外部因素的影响，企业社会责任在实施程度上具有差异性，根据不同实施程度进行更加深入细致的研究具有重要意义。

（2）现有研究中，尽管社会责任问题已经开始得到关注，并有了少量实证研究成果，但总体上还不够深入，并且学者间还没有达成共识。随着全球化步伐加快和社会分工越来越细，供应链上企业间的关系对企业运营的影响越来越大，履行企业社会责任也不再是单个企业的问题，供应链上合作伙伴关系对企业履行社会责任的影响有待更加深入细致的研究。

（3）企业履行社会责任前因和后果的研究是现有实证研究的主流。通过文献回顾可以看出，涉及企业社会责任影响因素的文献达 41 篇，企业社会责任影响结果的文献 55 篇，是实证研究较为集中的领域。学者们从企业特征、企业社会责任态度、管理层背景、社会环境和供应链管理等方面全面分析了影响企业履行社会责任的因素。同时，关于企业履行社会责任对企业的影响，学者们的研究则主要集中在对企业财务绩效、市场绩效、运营绩效和社会绩效四个方面的影响。现有关于企业社会责任的实证研究，多数是对社会责任履责内容、绩效的前置因素和后置结果关系的讨论，而关于企业社会责任解耦这一实践中常见的现象和行为却很少论及。不仅关于企业社会责任解耦的影响因素讨论不够充分，其对企业绩效的影响更鲜有学者关注。

（4）企业履行社会责任表现的衡量标准不一，各有利弊。现有研究对于企业履行社会责任表现的衡量，主要包括第三方机构发布的社会责任相关指数（主要包括声誉指数、社会责任报告评级指数、SNAI 评级体系、KLD 指标评价体系等）、内容分析法、问卷调研法。现有研究中对企业社会责任的衡量总体上看是一种重指标和结果，轻行为过程的状况。而企业社会责任解耦和企业社会责任内化是企业社会责任履践过程中的关键行为要素，对其前因和后果进行研究具有重要意义。

基于当前研究成果，结合前文提出的当前研究所存在的问题，本书提出了当前实证研究中关于企业社会责任前因和后果关系的框架（如图 1-1 所示），并相应地提出未来可能的研究方向。

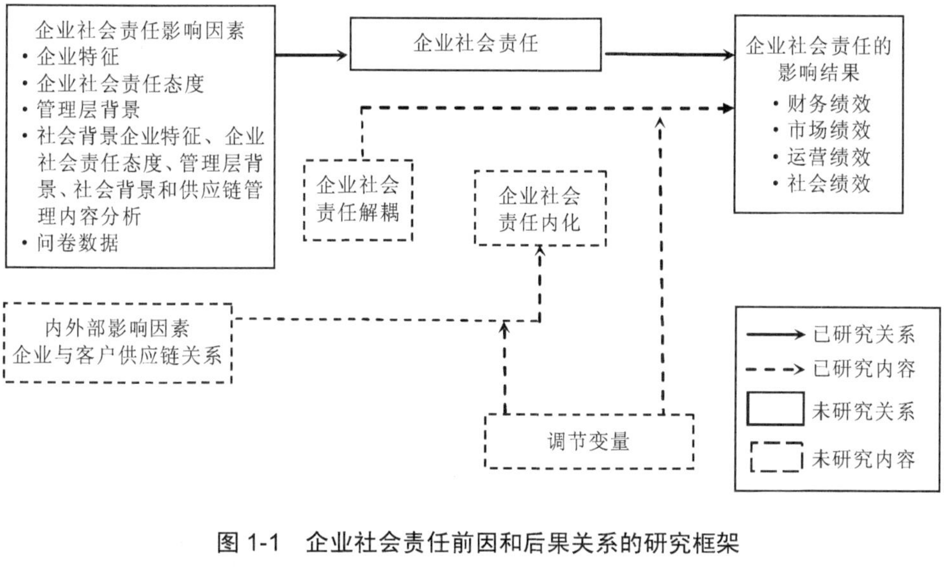

图 1-1 企业社会责任前因和后果关系的研究框架

二、未来研究展望

基于图 1-1 汇总的当前企业社会责任前因和后果的研究框架，在未来一段时期内，企业社会责任领域的研究主要应该重点关注以下方向。

（1）进一步深入探讨企业社会责任解耦行为的影响机制和对后置结果变量的影响。企业社会责任解耦是在企业履行社会责任的经济效益不确定的情况下股东至上理论的产物，是企业在“既要面子，又要实惠”的思想主导下的行为。其形成和后果又和企业社会合法性、声誉、身份、资源、无形资产、制度环境等要素有着千丝万缕的联系。如何基于不同的理论视角，对这些问题进行阐述，是未来研究值得深入探讨的主题。例如，企业社会责任解耦是企业为了获得社会合法性认同，同时为了减少履行社会责任的成本，选择把企业资源用到收益更多的运营活动中。合法性是制度理论的核心内容之一，因此围绕企业合法性和企业成本收益对企业社会责任解耦现象展开研究是一个可行的思路。此外，社会责任解耦是为了节约成本、提升企业资源使用效率，那么企业资源基础理论是否可以给我们的研究提供借鉴，也是一个值得思考的问题。

（2）进一步研究企业社会责任履践行为。有些企业履行社会责任有基于外部压力不得已而为之的因素，这些因素会造成企业象征性地履行。那么，哪些因素会促使企业发自内心地去履行社会责任呢？这也是一个值得探索的问题。我们不妨借鉴心理学、组织行为学等学科理论，对这一问题展开讨论。例如，企业的态度、认知等会对企业实质性的履责行为产生什么影响？企业社会责任履行活动受企业资源的约束，如何从外部获取资源、获取哪些资源、获取外部资源的支持对企业履责行为产生什么影响？这些问题的理论探讨和实证检验对于理论界和实践界具有重要意义。

（3）深化跨组织边界的企业社会责任履践活动的研究。随着国内外经济贸易的快速发展，供应链上的企业关系越发密切，履行企业社会责任不再是单个企业的行为，需要合作伙伴的协同合作。当前关于供应链社会责任的研究已经引起了理论界的关注，但是还不够深入，并且没有达成共识。例如，有些研究探讨了来自供应链上客户的压力，会对企业的社会责任带来正向影响；也有一些研究提出供应链上客户的压力，会导致企业履责过程中形成机会主义行为，使企业象征性地或浮于表面地履行社会责任。

综上所述，企业社会责任的研究经历了数十年的发展，已经有了丰富的理论成果和成熟的理论体系。但是，随着社会经济的发展，在不同时代背景下会产生不同的新现象和新问题。只有对新现象和新问题进行持续研究，才能促进科学研究的新发展，进而为实践活动提供新的指导。

第二章　企业社会责任解耦对经济绩效的影响——考虑制度监管的调节作用

第一节　本章前言

近几十年来，企业社会责任开始在全球范围内引起广泛关注，企业社会责任问题在一定程度上关系到人类社会可持续发展和社会经济发展的方向和模式。在此背景下，我国政府倡导企业积极践行可持续发展理念，履行社会责任。党的十八届三中全会将企业社会责任正式上升到国家战略高度，党的十九大报告中进一步对企业承担社会责任提出了明确要求，并指明了方向。然而，当前企业在社会责任履践过程中仍然存在“表里不一”的现象。一方面，企业社会责任活动受制度环境因素的影响，为了获得包括客户、供应商、员工、消费者、政府和非政府组织等利益相关者的合法性认同，越来越多的企业开始选择对外公开披露企业社会责任信息（Doh et al.，2016；Fiaschi et al.，2016），美化社会责任形象。另一方面，为了追求资源利用效率最大化，企业在社会责任履行过程中往往吝于投入资源，导致其对外表现出的社会责任形象与实际社会责任行动之间存在不一致，这种不一致被学者称为社会责任解耦（Tashman et al.，2018）。

这种把“挂在墙上”对外展示的制度和“落到地上”的实际运行解耦的行为一直是制度理论试图解释的问题之一。新制度理论开创者 Meyer 等（1977）提出，认识和解释组织行为和现象，必须从组织环境的角度出发。按照新制度主义的观点（Meyer et al.，1977），技术环境和制度环境是组织生存和发展的基本环境。不同环境对组织活动具有不同的要求，效率是技术环境追求的目标，要求组织以资源效率最大化为原则安排运营活动；制度环境则强调合法性，要求组织采用“广为接受”的组织形式和做法，却忽视了组织效率。所以，不同组织环境对组织的行为要求相互矛盾，这一矛盾可以通过组织正式结构和组织行动之间的解耦来解决（Brown et al.，1991）。但是，企业社会责任解耦真的能达到“鱼与熊掌兼得”的效果吗？对这一问题的厘清，有助于企业在社会责任履践中做出更合理的企业决策，切实提升企业经济绩效和社会绩效。

企业社会责任解耦问题引起理论和实践领域的日益重视。田利辉等（2017）研究发现，企业社会责任信息披露对企业社会责任问题具有掩饰效应。也有研究提出企业通过低质量、欺骗性或选择性披露企业社会责任行为来掩盖企业社会责任问题（Wang et al.，2019；Marquis et al.，2016；Marquis et al.，2014）。Delmas等（2011）指出企业社会责任信息披露和企业社会责任实践的解耦，歪曲或夸大了企业的实际社会责任履践情况。这些研究虽然没有明确提出企业社会责任解耦的概念，但是表明企业在社会责任履践过程中“言行不一”的现象开始受到关注。然而，由于研究方法和数据的限制，相关的实证检验依然比较有限，并且研究的重点是企业社会责任信息虚假披露或者选择性披露对企业绩效的影响（田利辉等，2017），并没有对企业社会责任解耦程度进行有效测量。仅有的少量研究尽管对企业社会责任解耦程度进行了测量，但是其关注点主要是探讨企业社会责任解耦形成的因素，而没有讨论其对企业经济绩效的影响（Tashman et al.，2018；Marquis et al.，2016）。

此外，政府是企业重要的利益相关者之一，任何企业的生存都处在政府监管这一制度环境之下。企业社会责任违规信息披露是政府部门监管的重要手段，企业社会责任违规行为一旦被披露，会使企业声誉受损，并损害企业的合法性。因此，企业社会责任违规披露成为企业社会责任解耦影响企业经济效果的一个重要因素。企业社会责任解耦对企业绩效的影响是否会受政府监管制度的影响，也是一个有待探讨的问题。这一问题的厘清，有利于企业和监管者更客观地认识企业社会责任解耦行为，并在企业社会责任履行和监管过程中做出更理性的决策。

围绕这些问题，基于制度理论，综合润灵环球发布的企业社会责任报告评级指数和中国社会科学院企业社会责任研究中心发布的企业社会责任能力成熟度指数等数据，展开理论和实证研究。本书提出了一个重要观点，认为企业社会责任解耦对于企业经济绩效如同一把“双刃剑”。一方面，它会促进社会责任履行成本的节约和提高资产的使用效率，进而提升企业资产回报率；而另一方面，它会对企业的社会合法性产生负面影响，进而降低企业价值。此外，作为一种重要的监督制度，政府对企业社会责任违规行为的披露，会负向调节企业社会责任解耦对企业经济绩效的影响强度。

基于以上讨论，本书的贡献可以总结为以下三个方面：第一，现有企业社会责任的相关研究依然没有跳出利益相关者理论的窠臼，在制度理论框架下，讨论企业社会责任履践过程中的解耦问题，对制度理论在企业社会责任研究领域的应用是一个有益的补充；第二，关于企业社会责任解耦相关问题的研究较少，少量研究也仅仅探讨了其影响因素，缺乏对其后置变量即企业绩效的研究，本书理论化解释了企业社会责任解耦对企业经济绩效的影响，以及影响关系中制度环境的作用，并进行了实证研究；第三，本书对企业社会责任解耦的测量，基于我国上市企业的公开数据，为我国企业的社会责任解耦程度提供了实践证据，让实践界对我国的社会责任履行现状有一个更客观的认识。以上问题的解决，不仅弥补了企业社会责任解耦相关研究的理论空白，同时对于我国企业和政府决策者及公众、员工等利益相关者来说，研究结果有助于更加清晰地认清我国企业社会责任履行现状，通过对企业社会责任解耦和企业经济绩效关系的剖析，认识到企业社会责任解耦对企业经济效果的实际影响，以进一步为企业社会责任相关决策提供理论借鉴。

本书所得出的这些研究结论，对于企业社会责任履行实践决策，政策制定者如何对企业社会责任行为进行规制，都具有理论上的指导意义。

第二节　理论基础和研究假设

一、解耦的定义与概念

“解耦”一词来源于物理学和数学领域的一个概念。在物理学研究中，解耦是与耦合（Coupling）对应的概念，耦合是指不同运动形式或者不同体系间通过相互作用、彼此影响相互连接的现象，解耦则表现为不同运动状态的分离（陈琳等，2015）。在组织研究领域许多学者对解耦问题进行了研究，但对解耦的定义尚不明确，也不统一。Oliver（1991）认为解耦是组织为了应对制度压力所采用的一种常见的反应方式。也有学者指出解耦是组织在规制性压力下所采用的常用做法（Edelman et al.，1999）。Brunson 和 Krosner（1989）把解耦解释为一种组织表里不一，言行不一的现象。综合以上研究，本书把组织系统中的解耦定义为组织面对制度环境压力所采取的一种反应方式，一种“表里不一”的惯用做法。而社会责任解耦则是组织在面对制度环境（如政府规制、供应链压力等）和内部成本效率双重压力时，做出的对外夸大披露社会责任信息的行为。

二、关于解耦的研究综述

现有学者对组织解耦的影响因素和影响结果进行了广泛的讨论，具体研究汇总见表 2-1。组织是一个复杂系统，组织解耦行为既受生存环境的影响，又受组织内部员工的影响，因而，关于组织解耦的影响因素学者们主要从两个角度进行研究，如 Zajac（2001）探讨了社会文化对组织解耦的影响，Westphal 和 Zajac（2001）就公司高管董事会上的决策权力对组织结构的影响进行了讨论。关于组织解耦后果的研究，主要依据 Meyer 等（1997）的理论逻辑，他们指出组织发生解耦是为了解决外部制度逻辑和内部效率逻辑给组织造成的双重压力的问题。关于组织解耦影响结果的研究主要讨论了其对组织制度合法性和组织效率的影响（王崇，2013；Sandholtz，2012）。从研究对象来看，现有研究针对医院、政府部门、学校等组织制度和运营脱钩现象进行，而具体到企业社会责任解耦的研究尚不多见。现有的这些关于解耦问题的研究为我们探索组织中企业社会责任解耦问题提供了有用的借鉴。

近年来，少量研究开始关注企业社会责任解耦问题，如企业社会责任解耦的影响因素（Tashman et al.，2018），但从总体上看，现有的组织解耦研究并没有从理论上全面地揭示其与企业经济绩效之间的关系，同时这一问题也缺乏更客观的经验证据。

表 2-1　组织解耦相关研究汇总

	作者（年份）	研究发现
解耦影响因素研究	Meyer et al.（1977）	组织解耦的发生受到制度和实践双重压力的影响
	Covaleski et al.（1983）	以医院为研究对象，提出制度环境和技术环境不可调和的压力是组织正式结构与实际行动间的解耦
	Westphal et al.（1993）	企业管理者对权变薪酬的偏好是影响组织解耦的主要原因
	Westphal et al.（2001）	公司高管在董事会中的决策权、公司的社会结构和领导者经验是解耦的主要影响因素
	Fiss et al.（2004）	以德国公司为例，实证发现以股东价值为导向的公司治理模式和实际履行之间存在解耦，公司政治和社会文化是影响解耦的主要原因
	Tilcsik（2010）	政府机构官员的意识形态和组织人口结构是分配制度与实际分配活动之间存在解耦的主要原因
	Pitsakis et al.（2012）	组织员工的个人身份构建是组织解耦的影响因素
	Tashman et al.（2018）	新兴市场跨国企业存在社会责任解耦现象，这种现象受国际化程度等因素的影响
解耦对企业绩效的影响	Horwitch et al.（1987）	解耦对企业投资回报率和市场占有率有显著正向影响
	Birnbaum（1981）	以大学为研究对象，实验证明，在目标一致的情况下，不同机构、不同专业人员组成的团队采用解耦方式会取得更高的研究绩效
	Boiral（2003）	公司的解耦会影响员工士气
	Boiral（2007）	ISO 14001 标准的正式结构与组织的日常实践活动解耦能够改进企业运营绩效
	Sandholtz（2012）	解耦行为会造成员工工作状况混乱
	MacLean et al.（2010）	公司的正式制度和实际销售行为之间存在解耦，这类情况最终会伤害公司合法性
	王崇（2013）	在非营利组织中，组织解耦会导致公益异化、信任危机和公益效率降低

尽管越来越多的企业开始公开披露他们的企业社会责任信息，但是这些信息是否真实地反映他们的企业社会责任表现，我们仍然所知有限，而这也是政策制

定者和具有社会责任使命感的企业最为关心的问题。企业倾向于将社会责任报告视为一种提高企业社会责任绩效的关键工具，因为它可以与利益相关者构建对话系统，展示企业在社会责任方面取得的成效，有助于利益相关者识别企业社会责任表现的优劣，更好地评估企业社会责任的努力程度（Vurro et al.，2011）。企业可以通过回顾和审视社会责任报告进一步提高他们的履责能力，并实质性地解决运营中的社会和环境问题（Tashman et al.，2018）。但是许多企业选择将企业社会责任履行实践和对外展示的社会责任形象脱钩，在信息披露中夸大他们的社会责任表现（Delmas et al.，2011），或有选择地披露积极的社会责任行动，隐瞒负面因素，误导利益相关者对企业形成积极印象（Marquis et al.，2016；Lyon et al.，2011）。

现有研究已经对企业社会责任解耦的前置因素进行了理论探讨和实证检验（Tashman et al.，2018）。企业社会责任履践过程之所以会产生社会责任信息披露和企业实际社会责任行为之间不一致的情况，既有对企业社会责任报告和实际社会责任绩效的差距进行评估的困难性这样的客观原因（Wijen，2014），也与提高企业社会责任绩效需要投资开发新的能力并且经济回报不确定有关（Bansal，2006），由于不确定的经济回报，企业自身既不愿意做出实质性的努力，又需要获得外部合法性认可，企业社会责任解耦成为企业常见的一种决策选择。

社会责任解耦真的能达到改进企业经济绩效的目的吗？答案是不确定的。我国政府监管是任何企业生存和发展必须面对的制度环境，监管部门每年都会披露上市公司的产品质量、生产事故、违反《环境保护法》等行为。但是，目前依然缺乏政府监管活动和企业社会责任解耦、企业经济绩效关系的研究。本书理论剖析了企业社会责任解耦对企业经济绩效的影响，以及社会责任违规披露对二者关系的作用机制，并提供了实践证据。

三、解耦的制度理论背景

组织解耦一直是制度理论试图解释的一个问题。Meyer 等（1977）正式把解耦问题引入组织制度理论研究，他们提出制度环境对组织具有“神奇的”组织形象塑造功能作用，不同制度环境下，企业会选择不同的经营策略和行为逻辑，相同制度环境下，企业行为会逐步趋同。在寻求对组织趋同现象（Isomorphic）进行解释的过程中（Zucker，1983；DiMaggio et al.，1983），制度被描述成一种牢笼，限制了组织的自主行为（Heugens et al.，2009）。但也有学者提出了不同的观点，认为组织为了应对制度压力，可以具有自己的自主权，甚至可以引入新的组织形式，扮演一个制度创新者的角色（Oliver，1991）。梅耶尔奠定了制度理论的基础，自此开始快速发展，并逐渐发展成为两个流派：以 North（1990）为代表的经济学流派和以 Scott（1995）为代表的组织社会学流派。这两个流派分别聚焦于不同制度选择的效率性和制度合法性问题。以上制度理论的发展为解释组织解耦行为夯实了坚实的理论基础，经济学流派和组织社会学流派基于组织效率和组织合法性的两个不同视角，也为我们剖析企业社会责任解耦问题提供了理论基础。

四、企业社会责任解耦对企业经济绩效的影响

企业经济绩效指的是企业一定期间内的资产运营、财务效益、资本保值增值等经济成果。为了检验企业社会责任解耦与企业经济绩效的关系，本书选取了盈利能力、公司价值两个方面的指标来衡量企业经济绩效。总资产收益率（ROTA）反映企业每单位资产创造净利润的能力，是最常用的盈利能力评价指标，本书沿用前人研究，以 ROA 衡量企业盈利能力；因为 Tobin'*Q* 值反映了资本市场对企业未来经济价值的预期（Kor et al.，2005；Chakravarthy，1986），本书参考 Bernile（2018）的研究，将 Tobin'*Q* 值取自然对数用来测量公司的长期价值。总资产收益率是衡量企业经济绩效的常用会计指标，其值为企业净利润除以企业总资产，但该指标具有短视的特点，会造成片面追求短期利益的短视行为，而忽略了运营活动对企业长期经济绩效的影响。因此，本书对企业经济绩效的衡量不仅考虑企业的总资产回报率还兼顾反映企业长期经济绩效的公司价值。

我们基于制度选择效率性的视角讨论了企业社会责任解耦对企业绩效（盈利能力）的影响。组织为了遵从一般社会价值体系进而获得社会合法性，在制度化过程中，努力与传统、法规、规范、标准等保持一致，从而使得组织的行为、结构形成制度同构（DiMaggio et al.，2008）。但是在制度同构过程中，制度化规则常与效率标准发生冲突，进而给企业经济绩效带来不利影响。第一，投资在同构行为中的资源可能会提高机会成本，如果所需资源投入到其他地方会有更高的价

值回报，寻求同构将导致企业经济绩效降低（Barreto et al.，2006）。第二，采用正式结构和工作流程有助于获得内外部利益相关者的认可，但可能会形成官僚主义，打破一个组织的惯例做法，而这种做法往往更高效（Basu et al.，1999）。第三，同构性增加不利于组织差异化战略的实施，从而降低他们获取可持续竞争的优势和能力（Deephouse，1999）。

政府压力和资本市场等强制同构是影响我国企业履行社会责任的根本制度原因（李冬伟等，2015）。企业应该履行社会责任已经成为一种社会普遍认知（Drucker，1984），为了遵从社会价值体系，获得社会认可的合法性，企业必须承担社会责任。但是，企业社会责任履践可能是成本高昂的，因为需要额外的投入，包括专业设备、针对客户要求的额外投入，以及企业内部新的人力资源管理投入（Williams et al.，2001）。企业在社会责任履行过程中的解耦行为，作为制度同构过程中的一种自主制度选择，可以在合法性和经济效率之间获得平衡，节约企业社会责任成本，让企业把有限资源投入到盈利预期更好、更明确的运营活动中去。减少企业在社会责任履行方面的资源投入可能会产生机会主义成本，可以提升企业资产使用效率，提高企业的经济绩效。企业社会责任解耦可以使企业在取得社会责任合法性的同时，保持企业内部惯有的流程、活动，保持高效率，也能够促进企业差异化战略的实施，获取竞争优势。

在企业资源有限的情况下，解耦可以把资源配置到效率更高的运营活动中，提高企业的成本效率，进而提升企业经济绩效。这种观点在不同领域的相关研究中都得到了证明。Horwitch 等（1987）研究发现一定程度的解耦，使企业投资回报率和市场占有率更高，解耦程度大小取决于不同的经营环境需要。Beverland 等（2005）以分布于 5 个国家的 25 家葡萄酒企业为对象，对其品牌管理进行了研究，研究指出品牌经理通过理念宣传树立了产品值得信赖的形象，然而企业运营活动与其提倡的经营理念脱钩，企业的这种解耦行为降低了企业运营成本。在企业社会责任履践相关研究中，也有研究发现一定程度的解耦对企业绩效会有促进作用，如 Boital（2007）研究了社会责任在环境管理中的解耦行为，发现环境管理体系并未切实地应用于组织的日常实践活动中，公司制度与经营活动存在解耦，并实证得出这种解耦的存在会改进组织的运营绩效。

以上讨论基于制度选择的效率性视角，提出了企业社会责任解耦有利于企业经济绩效的假设。但是，从制度合法性视角分析，结论可能是相反的。效率已经不是企业的唯一目标，企业更需要获得合法性。组织要想获得包括政府、消费者、员工等不同压力源的合法性认同，就必须采取他们普遍认可的做法和价值观，否则组织必然会因为合法性的丧失而失去赖以生存的环境，效益问题更无从谈起。此外，现有文献提出，合法性不仅直接影响组织经营管理，而且关系到组织能否获取更多资源，如拥有合法性的企业能够获得政府、社会团体等组织更多资金、技术方面的支持（Hodge et al.，2007；Zeitz，2002）。因此，企业获得外部认可的合法性，能够促进企业改善经营效率和效益，提升企业竞争优势。

大多数制度理论家都同意“组织需要的不仅是物质资源和技术信息，他们生存和成长离不开所处的社会环境”（Scott et al.，2000）这一观点。组织需要得到文化和政治的认可，这种认可就像给予了组织“经营许可”。在当代社会中，国家、专业协会和贸易协会、第三方认证机构和评论家都是企业获得合法性支持的来源（Glynn et al.，2005；Scott，2001）。为了得到他们的支持，组织必须遵守国家颁布的法律，履行其作为协会成员的职责，获得标准认证机构的审核。制度主义者普遍认为这种同构行为在某些方面对组织有利，因为它让组织被外界所接受，使他们合法化，给他们资金（Donaldson，1995）。企业履行社会责任会产生积极的社会评价，在制度理论中，这种评价通常被视为组织的合法性之一。这种评价会提升组织的声誉，提高公众对企业未来行为表现和绩效的期望，进而提升企业的市场价值。

企业社会责任解耦对企业经济绩效的作用更可能遵循“解耦—合法性破坏—社会评价降低”这条负面路径。根据制度理论（Scott，1987）的观点，企业利益相关者构筑了企业赖以生存的内外部环境要素，不同利益相关者对企业行为有多方面的要求，他们已经不仅仅局限于在经济方面要求企业实现股东价值，还要求企业作为社会的一员对社会利益负责。企业社会责任解耦是为了提高资源效率而采取的行为决策，正如 Meyer 等（1997）所言，为了提高效率而展开的协调和控制活动会破坏组织仪式一致性（Ceremonial Conformity）并牺牲合法性，企业社会责任解耦会给企业合法性带来负面影响。尽管企业社会责任解耦旨在实现效率性和合法性的兼顾，但由于以下两点原因，往往很难实现。

第一，感知和期望差异的存在会削弱企业合法性，进而负向影响公司价值。

在企业社会责任解耦的情况下，企业对外披露的社会责任信息好于其履责表现，这可能会带来两个方面的后果：一方面，企业负责任的企业形象提高，利益相关者对企业社会责任绩效的期望也随之提高；另一方面，由于企业并没有做出与其展示的社会责任形象相一致的社会责任努力，所以企业所感知到的企业社会责任绩效并不高。企业利益相关者包括消费者、员工、股东、政府、社区等，是一个利益关系集合体，企业价值的高低取决于这些利益相关者对其所做出的价值评价。这就造成企业社会责任解耦放大了利益相关者所感知到的企业社会责任和其所期望的社会责任之间的鸿沟，这种差距越大，利益相关者对公司价值评价就越会被削弱。

第二，信息来源影响利益相关者对企业社会责任活动真实性的评估（Rhee et al.，2009）。相对于企业自身发布的社会责任信息，公众会认为政府、媒体或其他第三方机构提供的信息更权威，积极正面的第三方信息更能提升企业的合法性。现有研究证实，消费者更愿意相信第三方媒体对企业社会责任活动的报道，而对企业自身公布的信息常持怀疑态度（鞠方辉，2014）。企业社会责任解耦过程中，由于企业社会责任信息都是由企业自行编纂和发布，即使这些信息满足了相关部门所要求的披露条件，利益相关者也难免会产生企业美化社会责任信息的感知。此外，互联网时代的信息传播速度更快、更便捷，媒体监督更有效，例如《南方周末》自 2009 年开始每年发布《企业“漂绿”榜榜单》，曝光企业宣称保护环境，实际上却反其道而行的虚假行为。企业社会责任解耦行为与企业“漂绿”行为本质上是相似的，解耦程度高的企业大大增加了登上类似榜单的风险，一旦上榜，必然会损害企业合法性，进而给企业的价值评价带来负面影响。

根据上述讨论，进行以下假设：

①企业社会责任解耦行为对企业资产回报率具有正向影响（设为 H1a）。

②企业社会责任解耦对公司价值具有负向影响（设为 H1b）。

五、制度监管的调节作用

任何企业的生产运营活动处于政府监管这一制度环境之中，对企业社会责任违规行为进行公开披露是政府重要的监管方式之一，监管部门每年都会针对上市公司产品质量、生产事故、违反环境保护法等行为发布公告，对企业进行警告，促使企业规范其社会责任行为。本书认为，政府社会责任违规信息披露会对企业社会责任解耦和企业经济绩效关系产生影响，其作用机制讨论如下。

第一，制度理论的分析范围已经不限于单一学科，遍及经济学、政治学、社会学等社会科学的诸多领域。豪尔等认为，社会学制度主义是制度主义的一个重要分支（Taylor et al.，1996）。社会学研究指出，人的言行不一会造成伪善的印象（Shklar，1984）。Wagner 等（2009）将企业伪善定义为企业实际行动和企业所宣称的信念、价值观和准则的偏离，即“说一套做一套”。这一定义和企业社会责任责任解耦本质上是相似的。在公众不知道企业存在违规行为的情况下，企业社会责任解耦能够起到“烟雾弹”的作用，企业社会责任问题将被掩盖，而当企业社会责任违规行为被政府披露时，相当于揭开了企业“伪善”的面纱。当公众发现企业一方面在大张旗鼓地声称履行社会责任，另一方面却为了私利不择手段，不惜违反社会责任相关法规的时候，必然会质疑该企业社会责任报告的真实性，如此，企业披露社会责任报告给企业带来的收益也必将大打折扣（Wagner et al.，2009；Yoon et al.，2006）。此外，企业社会责任违规行为被披露的同时，往往伴随的是政府所开出的罚单，这也会直接影响到企业的经济效益。

第二，心理学研究发现，人们对于人的正面行为和负面行为具有不同的归因逻辑（Baumeister et al.，2001）。对个体行为进行归因时，一方面，负面行为违背社会规范、价值观，人们更倾向于认为是个体特质导致了负面行为（Pratto et al.，1991）；另一方面，正面行为通常被认为是外部因素推动的正常反应（Skowronski et al.，1989）。企业社会责任违规行为一旦发生，就是一种典型的负面行为，通常利益相关者会认为企业不愿意履行社会责任，一旦企业社会责任违规行为被披露，那么之前履行社会责任的行为也可能被解读为对企业不负责任行为的掩饰、对公众关注和社会期望的逢迎。因此，披露企业社会责任的报告不仅无助于提升企业形象，更不利于企业合法性地位的构建。

以上讨论均说明，企业社会责任违规披露，不仅会削弱企业社会责任解耦给企业短期经济效益带来的正向影响，而且会拉大利益相关者对企业的社会责任期望和实际感知的企业社会责任绩效之间的差距，进而加剧企业社会责任解耦对企业长期经济绩效的负向影响。因此，我们得出以下假设：

①企业社会责任违规披露负向调节企业社会责任解耦对企业资产回报率的影响，即当企业社会责任违规行为被政府监管部门披露时，企业社会责任解耦对企业资产回报率的正向影响会变小（设为H2a）。

②企业社会责任违规披露负向调节企业社会责任解耦对公司价值的影响，即当企业社会责任违规行为被政府监管部门披露时，企业社会责任解耦对企业公司价值的负向影响会变大（设为H2b）。

综合以上假设，我们提出了本书的理论模型，如图2-1所示。

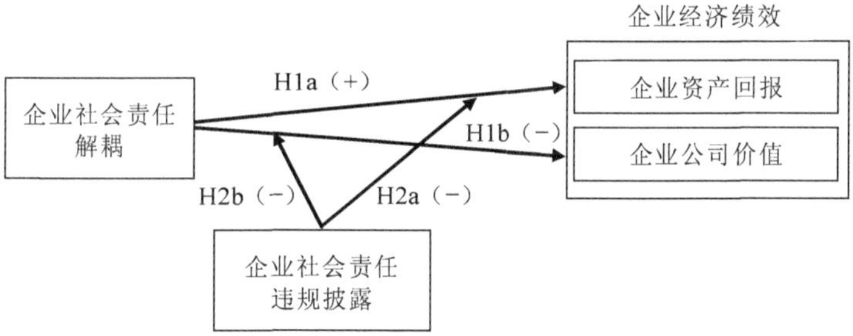

图2-1　理论模型

第三节　数据与研究方法

一、样本选择与数据来源

企业社会责任解耦变量反映的是企业社会责任报告与企业社会责任绩效之间的不一致程度，因此我们整合了企业社会责任报告评级指数和反映企业社会责任实质绩效的企业社会责任能力成熟度指数用以衡量该变量。深圳证券交易所和上海证券交易所分别发布《深圳证券交易所上市公司社会责任指引》和《上海证券交易所上市公司环境信息披露指引》已十年有余，这些年上市公司社会责任信息披露的主要方式一直是公开发布《企业社会责任报告》。润灵环球在2009年开始发布上市公司企业社会责任报告评级指数，具有十年之久的评价经验，是目前我国权威的企业社会责任第三方评级机构。润灵环球企业社会责任报告评级数据库是本书采用的数据源，润灵环球《企业社会责任报告》评级从报告的整体性、内容性、技术性和行业性四个维度出发，对每份报告进行结构化评分。这种评价反映了《企业社会责任报告》在信息披露相关性、可靠性、平衡性和完整性方面的表现，同时，数据的视化程度和行业特点也在评价结果中得到反映，是对《企业社会责任报告》总体质量的一个全面衡量（车笑芙等，2018）。

企业社会责任能力成熟度为解释企业社会责任异质性和打开社会责任构想与社会责任行为之间的黑箱提供了重要视角。该指数评价的数据来自《企业年度报告》《社会责任报告》，并综合了官方网站及权威组织的信息资源，对经济价值创造能力、社会价值创造能力、环境价值创造能力和合规透明运营能力进行了综合评价（肖红军等，2015），能够更准确地反映企业社会责任实际履行情况。中国社会科学院企业社会责任研究中心2015年首次发布企业社会责任能力成熟度报告，但该年度仅报告了市值最大的 200 家上市公司的社会责任能力成熟度指数，全样本的A股上市公司数据从2016年才开始发布。由于本书企业社会责任解耦变量的衡量需要润灵环球企业社会责任报告评级指数和企业社会责任能力成熟度指数的配对数据，因此，我们选择2016年和2017年两个年度的A股上市公司数据作为研究的初始样本。

润灵环球企业社会责任评级数据涵盖2016年747家、2017年796家A股上市公司。社会责任能力成熟度指数数据涵盖2016年2 805家、2017年2 805家上市公司。本章对样本进行以下筛选：①剔除变量存在缺失的企业及ST企业；②企业上市当年财务数据和违规数据可能存在遗漏情况，为了避免这种情况出现，本书排除了企业首次公开募股（IPO）当年数据。最终综合两份数据，得到共1 543家上市公司的配对数据用以衡量企业社会责任解耦变量。

本章所用到的其他数据包括企业违规数据、公司价值数据、企业规模数据，均来自国泰安CSMAR数据库，经过上述筛选流程后与企业社会责任解耦数据筛选结果进行整合。

二、变量测量

（一）企业社会责任解耦

企业社会责任解耦是组织在面对制度环境（政府规制、供应链压力等）和内部成本效率双重压力时，做出的使自己的社会责任形象和实际社会责任行动之间脱钩的行为（Tashman et al.，2018），具体表现为企业披露的社会责任信息与企业社会责任实际行动之间的不一致程度。润灵环球企业社会责任报告评级指数是对企业披露社会责任信息的评价，反映的是企业对外展示的社会责任形象，企业社会责任能力成熟度指数则是对企业实质性社会责任表现的评价。我们通过从润灵环球企业社会责任报告评级指数的标准化值中减去企业社会责任能力成熟度指数的标准化的值来衡量这一变量。该指标得分越高意味着企业的社会责任报告评价相对于企业社会责任实质性履行表现较高，即企业披露的社会责任信息与实际绩效之间的不一致程度越大。我们的方法遵循 Marquis 等（2016）开发的测量方法，该研究测量了“形式化”的环境责任表现与实际履责行为的解耦，被称为“选择性环境披露程度”。从一定意义上讲，企业社会责任解耦的衡量方法是对现有企业社会责任测量方法的改进，现有方法主要依靠企业社会责任信息披露的质量来获取企业对社会责任象征性实践活动的情况（Luo et al.，2017；Marquis et al.，2014）。

（二）企业社会责任违规披露

企业社会责任违规行为反映出企业对法律规范和公众诉求的违背和漠视，其衡量难度非常大，且数据难以获取，主要基于以下两点原因。一是当前关于企业社会责任的法律规范涉及范围广泛且没有一致的标准，例如尽管《公司法》第五条明确规定（万寿义等，2013），公司从事经营活动，必须承担社会责任，但企业承担社会责任在《公司法》中，只作为一项基本原则而存在，其内涵、外延、规范、准则及相关细则与制度等还都没有被明确规定。除此之外，企业社会责任规定还涉及诸如企业行为守则、SA8000、ISO 26000 等标准规范的非强制性约束。法律规范的广泛性和标准依据缺乏导致衡量企业社会责任违规行为的无所适从。

二是企业社会责任信息公开披露中所存在的“报喜不报忧”现象隐瞒了企业社会责任的违规行为，也给我们从企业公开披露的信息中获取客观数据带来难度。所幸的是当前上市公司公开披露的年报中，信息虚假披露、产品质检不合格、逃税漏税、价格垄断、生产事故、违反环境保护法等种种违规行为都被监管部门强制披露（车笑芙等，2018）。采用监管部门披露的上市公司违规数据库的企业违规数据作为企业社会责任违规披露的替代变量不会影响我们的研究结论。因此，对于企业社会责违规披露（Violation），本书借鉴路军（2015）、陆瑶和李茶（2016）的做法，用监管部门披露的企业违规次数衡量企业社会责任违规披露。

（三）经济绩效

经济绩效包含企业短期盈利能力和长期市场价值。总资产回报率反映企业每单位资产创造净利润的能力，是最常用的盈利能力评价指标。本书以 ROA 衡量企业盈利能力，以 Tobin'*Q* 值作为公司价值的衡量指标。Tobin'*Q* 值基于企业资本市场价值，是资本市场所预期的企业未来现金流和成长能力（Kor et al.，2005；Chakravarthy，1986）。公司价值反映企业的声誉资本，它不能在短期内形成，因此，企业社会责任披露与披露质量更可能对其未来一定时期（而不是当期）的盈利能力产生影响（Surroca et al.，2010）。所以，Tobin'*Q* 值与诸如利润增长率、净资产收益率等短期盈利能力指标相比，其用来衡量企业社会责任信息披露的影响作用更具有合理性（Hillman et al.，2015）。

（四）控制变量

在控制变量方面，现有研究表明，股权特征（陈国进，2005）、股权结构、独立董事比例（Chen et al.，2006）、董事长总经理两职合一（蔡志岳等，2007）、高管薪酬（Wang et al.，2010）等因素都会对企业的违规行为产生影响。为了限定公司规模对公司价值的影响，在控制变量中加入资产总额的自然对数；同时，考虑到上市公司每年承担的社会责任不同可能对公司价值的影响存在差异，可加入企业社会责任解耦数据来源所属年度作为控制变量（万寿义等，2013）。因此，本书选取了产权性质、独立董事比例、董事长总经理是否两职合一、高管薪酬、年度、公司规模作为控制变量。本书各变量的定义及测量方法见表 2-2。

表 2-2　变量定义及测量方法

	变量	变量代码	说明	测量方法
被解释变量	企业社会责任解耦	Decoupling（D）	企业社会责任报告与企业社会责任绩效之间的不一致程度	企业社会责任报告评级指数减去企业社会责任能力成熟度指数
	企业社会责任违规披露	Violation（V）	企业社会责任年度违规情况	以监管单位对违规企业发布的处理文件日期为准，将该年度发生过违规行为的企业赋值为 1；否则赋值为 0
解释变量	资产回报率	ROA	短期经济指标	资产回报率=净利润/平均资产总额×100%
	公司价值	Tobin'Q 值	长期经济指标	企业的市场价值/资产重置成本=（企业的市场价值+总负债）/总资产
	公司规模	Size（S）		公司总资产的自然对数
	年度	Year（Y）		虚拟变量，2016 年为 0，2017 年为 1
	产权性质	SOE		1=国有企业；0=非国有企业
	独立董事比例	Indep（I）		独立董事数/董事人数
控制变量	董事长总经理是否两职合一	Dual（Du）		1=董事长总经理不兼任；0=董事长总经理为同一人担任
	高管薪酬	Salary（Sa）		排名前三的高管薪酬合计的自然对数

三、模型构建

我们构建了模型①～④来分别检验本书的各个假设。OLS 模型①来检验假说 H1a，即检验企业社会责任解耦程度较高的企业短期经济效益（资产回报率）是否更好。

模型①：

$$\text{ROA}=\beta_0+\beta_1\text{D}+\gamma\,\text{Co}+\mu \tag{2-1}$$

我们构建 OLS 模型②来检验假说 H1b，即检验企业社会责任解耦是否负向影响企业长期经济绩效（公司价值）。

模型②：

$$TQ = \beta_0+\beta_1 D + \gamma Co + \mu \tag{2-2}$$

我们引入交互项构建 OLS 模型③和模型④来检验假说 H2a 和 H2b，即检验 H1a 和 H1b 所假设的企业社会责任解耦和企业经济绩效的关系是否会在企业社会责任违规行为被披露的情况下削弱。

模型③：

$$ROA = \beta_0+\beta_1 D + \beta_2 V + \beta_3 D \times V + \gamma Co +\mu \tag{2-3}$$

模型④：

$$TQ = \beta_0+\beta_1 D + \beta_2 V + \beta_3 D \times V + \gamma Co + \mu \tag{2-4}$$

式中，β_i 是回归系数；V 代表企业社会责任违规披露；D 代表企业社会责任解耦；γ 为相关控制变量的系数集；Co 表示一系列控制变量（Controls），具体包括公司规模、年度、产权性质、独立董事比例、董事长总经理是否两职合一、高管薪酬；μ 为随机扰动项。在模型①中，我们主要关注 D 变量的系数（β_1），若$\beta_1>0$ 且显著则代表企业社会责任解耦能够显著地增加企业资产回报率，假说 H1a 成立。在模型②中，我们重点关注 D 变量的系数（β_1），若$\beta_1<0$ 且显著则表明企业社会责任解耦负向影响了企业的公司价值，假说 H1b 成立。在模型③和模型④中，我们重点关注交乘项 D×V 的系数（β_3），若$\beta_3<0$ 且显著则表明当企业社会责任违规行为被披露时，企业社会责任解耦对企业资产回报率正向的影响被削弱，对公司价值负向的影响被加强，假说 H2a 和 H2b 成立。

第四节　实证检验与结果分析

一、描述性统计及相关性分析

在对变量关系进行分析前，我们对变量做了描述性统计分析，表 2-3 展示了各主要变量的标准差、平均值等描述性统计数据。其中，企业社会责任解耦最大值为43.420，最小值为–30.950，说明企业社会责任解耦程度差异较大，平均值为3.180，说明总体来看企业社会责任报告评级指数大于企业社会责任能力成熟度指数，我国企业在社会责任履行过程中存在解耦的事实；标准差为10.822，说明该变量在样本中存在较大差异。企业社会责任违规披露的平均数为0.223，319个样本发生违规行为，占样本总数的22.3%。

表2-3 全部样本公司各变量描述性统计

变量	观测值	平均值	中位数	标准差	最小值	最大值
D	1 543	3.180	0.665	10.822	–30.950	43.420
V	1 543	0.223	2.000	0.417	0.000	6.000
Tobin'*Q* 值	1 543	1.610	1.174	0.998	0.582	9.965
ROA	1 543	0.037	0.075	0.010	–0.880	0.503
S	1 543	23.013	22.826	1.435	20.388	27.040
Y	1 543	0.505	0.000	0.032	0.000	1.000
SOE	1 543	0.609	0.000	0.488	0.000	1.000
I	1 543	0. 359	0.333	0. 049	0.250	0.557
Du	1 543	0. 148	0.000	0.356	0.000	1.000
Sa	1 543	14.335	14.337	0.724	12.100	17.239

控制变量方面，将描述性统计结果与同类文献（万寿义等，2013；Wang et al.，2010）进行比较后，发现本书控制变量数据分布总体正常。需要对异常值做出如下说明：独立董事比例的统计结果显示样本观测中独立董事比例最低值为25%，和《关于在上市公司建立独立董事制度的指导意见》规定的“上市公司董事会成员中应当至少包括三分之一独立董事”不一致，造成这一结果的原因可能是独立董事换届、辞职等情况的存在。

本书对变量间两两相关关系进行了检验，表2-4为各变量间相关系数矩阵。企业社会责任解耦、企业社会责任违规披露、资产回报率、公司价值四者间存在相关关系，企业社会责任解耦和资产回报率相关系数为 0.189，企业社会责任解耦和企业公司价值相关系数为–0.065 9。各变量间相关系数最大值为 0.361，小于 0.7，可以初步判断不存在严重的多重共线性。

表 2-4　变量相关性分析

变量	D	V	Tobin'*Q* 值	ROA	S	Y	SOE	I	Du	Sa
D	1									
V	0.298 7***	1								
Tobin'*Q* 值	–0.065 9*	–0.018	1							
ROA	0.189**	–0.122**	0.361***	1						
S	0.065*	–0.007 6	–0.027**	0.12**	1					
Y	0.001 4	0.002 5	0.003 4	0.006		1				
SOE	–0.079*	–0.092*	0.020*	0.04*	0.274***	0.003 1	1			
I	–0.179**	–0.279***	0.001 9	0.09*	0.125	–0.036*	0.071**	1		
Du	0.073 8	0.008 9	0.026 9	0.07*	0.154***	0.001	–0.011**	0.008 9	1	
Sa	–0.018	0.131 3***	–0.105 9***	0.112**	0.121**	0.001 4	0.001	–0.106***	–0.103***	1

注：*、**和***分别代表在 10%、5%和 1%水平上显著。

二、假设检验

本书选用 SPSS16.0 软件对设定的实证模型进行回归检验，表 2-5 提供了检验结果。表 2-5 中第（1）列单变量回归结果中 D 系数为 0.27 并在 5%水平上显著，第（2）列加入了控制变量，D 系数是 0.24，显著性水平达到 10%。上述结果支持了假说 H1a，即企业社会责任解耦程度越高的企业，资产回报率越高。第（5）列单变量回归结果中 D 系数为–0.24，显著性水平为 1%，第（6）列加入了控制变量，D 的系数为–0.17，在 5%水平上达到显著。上述结果支持了假说 H1b，即企业社会责任解耦对企业价值产生负向影响。第（3）列、第（4）列在模型①基础上分别将企业社会责任违规披露和企业社会责任违规披露与企业社会责任解耦的交互项加入模型，V 的系数为–0.13，D×V 的系数为–0.196，说明假设 H2a 成立。

第（7）列、第（8）列在模型②基础上分别在模型中加入了企业社会责任违规披露和企业社会责任违规披露与企业社会责任解耦交互项，以检验企业社会责任解耦与公司价值间的负向关系在加入企业社会责任违规披露变量之后会发生何种变化。结果显示，V 对公司价值影响系数为–0.09，D×V 的系数为–0.132，显著性水平达到 5%，假设 H2b 成立，说明企业社会责任违规披露负向调节企业社会责任解耦对公司价值的影响，即当企业发生社会责任违规披露时，企业社会责任解耦对公司价值的负向影响会变大。

表 2-5 假设检验回归结果

变量	ROA				Tobin'Q 值			
	（1）	（2）	（3）	（4）	（5）	（6）	（7）	（8）
S		0.23**	0.16**	0.12*		0.18**	0.18**	0.16**
Y		0.11*	0.12*	0.14*		0.15*	0.14*	0.12*
SOE		0.24**	0.25**	0.21**		0.27**	0.21*	0.25**
I		0.23**	0.16*	0.15*		0.18**	0.18*	0.16*
Du		0.11*	0.12*	0.13*		0.15*	0.14*	0.12*
Sa		0.24**	0.25**	0.22**		0.27**	0.21**	0.25**
D	0.27**	0.24*	0.27**	0.24*	–0.24**	–0.17**	–0.15**	–0.19**
V			–0.13*	–0.12*			–0.09	–0.06
D×V				–0.196**				–0.132**
Cs	3.14***	3.11***	1.60***	1.601***	1.61***	1.604***	1.592***	1.60***
R^2	0.15	0.15	0.26	0.26	0.23	0.23	0.25	0.26
观测值	1 543	1 543	1 543	1 543	1 543	1 543	1 543	1 543

注：*、**和***分别代表在 10%、5%和 1%水平上显著。

三、稳健性检验

为了保证实证结果的稳健性，我们从四个方面进行稳健性检验：一是采用滞后期影响进行稳健性检验；二是对研究变量采用不同度量方法进行稳健性检验；三是样本选择偏差的稳健性检验；四是内生性的稳健性检验。

（一）滞后期稳健性检验

综合 2016 年和 2017 年的数据，企业社会责任解耦采用 2016 年的数据，资产回报率、公司价值和企业社会责任违规披露采用 2017 年的数据，进行回归分析。分析结果见表 2-6，企业社会责任解耦对企业资产回报率的影响不显著（这一点可以理解，因为资产回报率是一个衡量当期经济效益的短期指标，其受当期运营活动的影响大，而较少受到往期运营活动的影响），其他结果与前述研究结论基本相似，说明我们的结论具有一定的稳健性。

表 2-6　滞后期稳健性检验

变量	ROA			Tobin'Q 值		
	（1）	（2）	（3）	（4）	（5）	（6）
D	0.08	0.077	0.04	−0.16*	−0.15**	−0.19**
V		−0.03	−0.068		−0.21**	−0.11**
D × V			−0.111**			−0.176**
Cs	3.14***	3.11***	1.60***	1.601***	1.604***	1.592***
R^2	0.15	0.15	0.26	0.26	0.23	0.25
观测值	751	751	751	751	751	751

注：*、**和***分别代表在 10%、5%和 1%水平上显著。

（二）对研究变量采用不同度量方法进行稳健性检验

本书对研究变量采用不同度量方法进行了稳健性检验，相关结果见表 2-7。

（1）改变模型①中对企业社会责任解耦的度量方法，变量 D_S 使用哑变量 0、1 代替企业社会责任解耦变量（在前文算法结果的基础上，当企业社会责任解耦＞0 时，D_S 取值为 1，＜0 时取值为 0）。

（2）企业社会责任违规披露 V_S 的度量方法，使用哑变量 0、1 代替之前的以披露次数衡量的连续变量，企业当年无违规行为披露，V_S 取值为 0；有违规行为披露，V_S 取值为 1。然后对样本进行 Logit 回归，结果显示，企业社会责任解耦（D_S）

对企业资产回报率有正向影响（β =0.111，p<0.1），对企业公司价值有负向影响（β =–0.135，p<0.5）。并且交互项 $D_s \times V_s$ 对企业资产回报率和企业公司价值的负向影响也没有发生变化。

表 2-7　替代变量的检验结果

变量	ROA				Tobin'*Q* 值			
	（1）	（2）	（3）	（4）	（5）	（6）	（7）	（8）
S		0.21^{**}	0.16^{**}	0.18^{**}		0.17^{*}	0.14	0.16^{*}
Y		0.121^{*}	0.12^{*}	0.14^{*}		0.15^{*}	0.12	0.12^{*}
SOE		0.232^{**}	0.25^{**}	0.21^{*}		0.19^{**}	0.23^{**}	0.25^{**}
I		0.21^{**}	0.16^{*}	0.18^{*}		0.18^{*}	0.15^{*}	0.16^{*}
Du		0.117^{*}	0.12^{*}	0.14^{*}		0.16^{*}	0.11^{*}	0.12^{*}
Sa		0.24^{**}	0.25^{**}	0.21^{**}		0.20^{**}	0.24^{**}	0.25^{**}
D_s	0.19^{*}	0.111^{*}	0.16^{**}	0.21^{*}	-0.135^{*}	-0.137^{**}	-0.10^{*}	0.10^{*}
V_s			-0.127^{*}	-0.12^{*}			–0.05	–0.06
$D_s \times V_s$				-0.196^{**}				-0.101^{*}
Cs	3.27^{***}	3.27^{***}	1.64^{***}		1.621^{***}	1.57^{***}	1.60^{***}	1.72^{***}
R^2	0.19	0.20	0.26		0.26	0.27	0.27	0.26
观测值	1 543	1 543	1 543		1 543	1 543	1 543	1 543

注：*、**和***分别代表在 10%、5%和 1%水平上显著。

（三）样本选择偏差的稳健性检验

尽管已经在企业社会责任解耦的样本中得出了稳健性的结果，但现有研究发现，企业社会责任解耦程度较高的企业往往具有一定的特征，如企业规模较大，负债率较高，盈利水平较差，冗余资源较少（Tashman，2018），并且样本中企业社会责任解耦水平也呈现较大差异。这些因素可能构成在社会责任解耦的公司选择上存在样本选择偏差，影响本书研究结论的普适性。为了克服样本选择偏差的影响，我们参考刘浩等（2014）的方法，运用倾向得分匹配（PSM）法来解决这一问题。

PSM 法将处理组（D>0）与对照组（D<0）进行匹配。这一匹配过程分为两个阶段：第一阶段进行选择倾向打分；第二阶段根据上阶段所得分值对样本进

行配对。具体而言，本书选择产权性质、独立董事比例、公司规模为自变量[①]，以企业社会责任解耦为因变量，进行 Logit 回归。然后，在所得分值的基础上，采用邻近值相匹配的方法，展开 1∶1 配对，也就是说，在对照组中为每一个处理组的样本匹配一个分值最相近的样本。我们共选取 1 156 个样本，处理组与对照组样本分别为 578 个。表 2-8 展示了公司特征变量在配对后的均衡性检验结果，结果表明，样本具有平衡性，其差异性在配对样本中得到了控制。最后，我们对配对样本展开回归分析，结果显示［表 2-9 列（1）］，PSM 方法下的检验结果仍然支持假设 H1a、H1b 和 H2a、H2b。

表 2-8　配对样本均衡性检验

变量	配对后均值		标准差	*T* 值
	处理组	对照组		
S	21.321	21.332	–0.105	–0.21
Y	0.453	0.344	0.001	0.72
SOE	0.516	0.525	0.001	0.01
I	0.039	0.041	0.001	0.03
Du	0.173	0.051	0.132	0.70
Sa	11.382	11.413	–0.033	–0.52

表 2-9　PSM 配对样本回归结果

变量	ROA			Tobin'*Q* 值		
	（1）	（2）	（3）	（4）	（5）	（6）
D	0.221**	0.202**	0.21*	–0.137**	–0.10*	0.10*
V		–0.101*	–0.12*		–0.05	–0.06
D × V			–0.196**			–0.101*
Cs	3.19***	1.69***	1.64***	1.61***	1.60***	1.72***
R^2	0.15	0.25	0.26	0.26	0.27	0.26
观测值	1 156	1 156	1 156	1 156	1 543	1 543

注：*、**和***分别代表在 10%、5%和 1%水平上显著。

①在选择自变量时，本文先以模型①中全部控制变量作为自变量进行倾向得分计算并进行均衡性检验，发现年度、产权性质与独立董事比例 3 个变量在配对前后都不存在分组差异，故将这 3 个变量排除，再建立倾向打分模型。

（四）内生性的稳健性检验

已有文献认为，企业社会责任解耦程度较高的企业一般规模更大，盈利水平更低，负债率更高，冗余资源更少（Tashman，2018）。公司的这些固有特征可能同时决定了企业社会责任解耦和企业价值，为了解决自选择和内生性的问题，我们使用工具变量的方法。

企业社会责任解耦和企业社会责任报告审计紧密相关，一方面企业社会责任报告审计可以提高企业社会责任报告质量，另一方面企业社会报告审计可以提高企业社会责任报告的真实性和客观性（徐细雄等，2016）。我们选取与企业社会责任解耦相关性较高，与公司价值和企业社会责任违规披露相关性较低的变量，即企业社会责任报告审计，作为工具变量，同时考虑选择规模、企业盈利能力（即ROA）、负债率（Dar）作为控制变量，对企业社会责任解耦进行回归分析。社会责任报告审计以哑变量 Audit 表示（Au），若企业社会责任报告通过第三方审计则取值为 1，没有经过第三方审计则取值为 0，该数据来自润灵环球数据库。

这样，第一阶段的回归方程是

$$\mathrm{D_t}=\beta_0+\beta_1\mathrm{Au}+\Sigma\beta_j\mathrm{Co_t}+\varepsilon \tag{2-5}$$

第二阶段中，将第一阶段估计出的 D_t 代入主回归中进行检验。

采用工具变量方法解决公司固有特征内生性的回归结果见表 2-10。可以看到，在考虑了公司特征的自选择和内生性问题后，回归结果仍然与主假说一致。

表 2-10　工具变量内生性检验

第一阶段	
变量	$\mathrm{D_t}$
ROA	0.097*
S	–0.082*
Dar	–0.175**
Au	–0.172**
观测值	1543
R^2	0.438

第二阶段						
变量	ROA			Tobin'Q值		
	（1）	（2）	（3）	（4）	（5）	（6）
D_t	0.127*	0.134**	0.111**	−0.124*	−0.10*	0.10 *
V		−0.21***	−0.176**		−0.09	−0.06
$D_t \times V_t$			−0.163**			−0.091*
Cs	2.22		1.33		1.37	1.41
R^2	0.15		0.25		0.26	0.26
观测值	1 543		1 543		1 543	1 543

注：*、**和***分别代表在 10%、5%和 1%水平上显著。

第五节　小结与评论

一、研究结论

本章以中国社会科学院发布的企业社会责任能力成熟度指数为研究基础，通过比照润灵环球企业社会责任报告披露指数，衡量企业社会责任解耦，并实证检验了 2016—2017 年 1 543 家上市公司企业社会解耦对企业经济绩效的影响，实证检验结果见表 2-11。

表 2-11　研究假说检验结果

假说	具体内容	检验结果
H1a	企业社会责任解耦正向影响企业资产回报率	支持
H1b	企业社会责任解耦负向影响公司价值	支持
H2a	在企业社会责任违规披露情况下，企业社会责任解耦对企业资产回报率的正向影响作用变弱	支持
H2b	在企业社会责任违规披露情况下，企业社会责任解耦对公司价值的负向影响作用	支持

通过上述实证检验结果分析，得到以下结论：

第一，在我国上市公司中，存在“言行不一”的社会责任解耦事实，即企业对外披露的社会责任表现存在夸大的情况，高于企业社会责任实际绩效。这在一定程度上解释了现实中企业积极披露社会责任和社会责任丑闻频发的情况并行发生的现象，同时对先前研究中所提出的对企业披露社会责任信息可信度和动机的质疑，以及企业社会责任信息披露对企业社会责任问题具有掩饰效应等研究结论也是一个回应。

第二，企业社会责任解耦对企业短期经济绩效具有正向的积极影响。企业在社会责任履行过程中的解耦行为，即通过对外展示良好的社会责任形象，提高企业的合法性地位，但在企业内部实际运营中的实质性社会责任实践并没有对外展示的那么“完美”。这可以节约企业社会责任成本投入，让企业把有限资源投入到盈利预期更好、更明确的运营活动中去，进而提升企业资产使用效率。

第三，企业社会责任解耦对企业长期经济绩效具有负向的显著影响。这一发现说明，尽管企业社会责任解耦短期内对企业经济绩效是有利的，但是会损害企业长期经济绩效。因为企业社会责任解耦提升了负责任的企业形象，增加了企业利益相关者对企业社会责任绩效的期望，但是，由于实质性社会责任实践与其展示的形象并不相符，所以人们所感知到的企业社会责任绩效并不高。这就造成企业社会责任解耦程度越高，利益相关者对企业的社会责任感知和对企业的社会责任履行期望之间的差距越大。企业公司价值取决于利益相关者对企业市场价值的评价，公众感知的企业社会责任和期望的反差，会使公众对企业的价值评价减分。

第四，如果政府披露了企业社会责任违规情况，企业社会责任解耦对企业资产回报率的正向影响会被削弱，而企业社会责任解耦对企业公司价值的负向影响会被加强。由于企业社会责任违规披露往往伴随着政府对企业开出的违规罚单，造成企业的成本增加。企业社会责任违规行为一旦发生，会对企业在公众中的形象产生更大的负面影响，进而影响企业价值。

二、实践启示

本章的内容对于企业和监管者了解社会责任解耦对企业经济绩效的关系，有效引导企业社会责任实践，推进企业社会责任运动的发展具有借鉴意义。因此，本章提出以下几点建议：

首先，审视企业社会责任行为，察其言，更要观其行。“信言不美，美言不信。善者不辩，辩者不善。”老子《道德经》中这句话的意思是，真实可信的言语不一定华美，华美的言语不一定可信，善良的人不会刻意去辩解自己的善良，总在辩称善良的人不善良。这句话也在警醒企业内外部利益相关者要认真审视企业社会责任报告。实证结果表明，企业总体上存在社会责任解耦行为，存在刻意“粉饰”企业社会责任报告的事实。企业社会责任解耦现象应该得到重视，公众、媒体、政府、客户、消费者等利益相关者不仅要看企业说了什么，更要看其做了什么，做的效果如何，以免被企业披露的社会责任信息误导。同时，企业内外部利益相关者也要对企业社会责任信息披露内容的真实性、有效性加强监督，提高企业社会责任信息披露的质量。

其次，企业应当高瞻远瞩，更多关注企业长期绩效。研究结果发现，企业社会责任解耦尽管对企业短期经济绩效具有提升作用，但是却给企业的长期经济绩效带来了负面影响。对于有远见、有战略观和大局观、有志于可持续发展的企业来讲，长期经济绩效的提升十分重要，企业社会责任解耦所带来的经济效果实际上是一种“捡了芝麻丢了西瓜”的效果。这一发现对于夸大企业社会责任表现的企业也是一个警醒。企业要积极主动披露真实的企业社会责任信息，降低企业社会责任解耦程度；也要认识到企业履行社会责任不仅仅是向公众提供高质量的社会责任报告，更要把企业社会责任深入贯彻到企业的实际行动中去，只有切实提升企业的社会责任绩效，才能提升公众对企业的满意度，提升企业的公司价值。

最后，对于监管部门来说，一方面相关部门应规范社会责任报告的披露形式，要求企业增强在企业社会信息披露中的真实性和客观性；另一方面加强社会责任违规披露，加大企业的违规成本，减弱社会责任解耦给企业带来的短期经济利益影响，督促企业更好地履行社会责任。自 2006 年深圳证券交易所公布《深圳证券交易所上市公司社会责任指引》以来，在政府督促和鼓励下，企业社会责任报告披露数量逐年增加，但多流于形式，以叙述性报告为主，整体质量不高，客观性不强。相关行政部门应该制定完善的社会责任信息披露的规则、准则和指南，让企业编制社会责任报告有规可依。企业履行社会责任的监管工作涉及部门多，需要税务、食品监督、环保等各部门的协同合作，建立各部门之间的协作机制。各部门应该加强横向合作，不定期对企业社会责任履行情况进行抽查，加强对上市公司食品安全、环境保护、信息披露、合法纳税、职工健康等方面的监管，及时发现问题并解决问题。这种做法，尽管从当前来看，对政府的监督成本造成了压力，但是从长远来看，降低了事故发生后所产生的相关治理成本，如处罚成本、政府由于公共责任失责对受害者所进行的赔偿等成本。

三、研究局限与展望

（一）研究局限

本章尽管通过实证检验，得出了一些对业界和监管者具有借鉴意义的结论，但是依然存在以下局限：

第一，由于数据的可获得性，本章研究样本是沪深上市公司中披露社会责任报告的公司。由于样本量的局限，可能会影响研究结论的普遍意义。

第二，受企业信息量化的限制，对本研究中企业社会责任违规披露变量，我们采用了上市公司违规行为作为替代变量，未必能够深入检验企业社会责任违规披露对企业社会责任解耦和企业经济绩效两个变量的影响。

第三，受限于数据收集能力，研究不能完全涵盖可能影响企业资产回报率和公司价值的所有可能变量。

第四，由于衡量企业社会责任实际履行情况的企业社会责任能力成熟度指标只有两个年度的数据，使我们的研究不能从时间序列上观察企业社会责任解耦和企业经济绩效关系的动态变化。

（二）研究展望

本章研究结论和研究不足，为我们未来的研究方向提供了启发，可以考虑从以下两个方面展开。

首先，本章得出了企业社会责任解耦不利于长期经济绩效的研究结论。那么探讨如何破解企业社会责任“解耦”难题，把企业社会责任内化到企业的日常运营活动中去就具有现实而重要的意义，接下来的研究可以以此展开。

其次，针对以上研究存在的不足，在未来数据可获得的情况下，我们可以从行业、时间方面进行多维度的对比研究，以期更深入、全面地了解企业社会责任解耦现状及其对经济绩效的影响，以及影响机制中存在的情景因素。

第三章　企业社会责任认知、合作对企业社会责任内化的影响

上一章我们考察了企业社会责任解耦对企业经济绩效的影响，研究发现我国企业在社会责任履践过程中存在某种程度的解耦现象，对外发布的社会责任信息与企业实际的社会责任履行行为不一致；同时得出了企业社会责任解耦行为尽管对企业短期的经济绩效具有改进作用，但是却削弱了企业长期经济绩效的结论。因此，企业社会责任解耦对于企业的可持续发展是不利的。那么，如何改变企业社会责任解耦状况，促进企业社会责任内化是接下来要研究的内容。在本章中，我们将从供应链视角，考察企业内部动机拉动和外部合作推动对企业社会责任内化的影响。

第一节　本章前言

改革开放 40 余年来，相当长一段时间内，在过分看重经济增长的传统绩效考核模式之下，政府强调 GDP 的增速，企业则专注于财务报表上的利润数据，企业所应承担的社会责任往往被忽视。在企业逐利过程中，消费欺诈、劣质食品、虚假广告、侵犯员工权益等社会事件频发，引发公众对企业社会责任的再思考。企业是否在实践中践行了社会责任，也引起了学者和公众的质疑。现有研究发现，企业社会责任通常被非实质性地实施（Testa et al.，2014；Castka et al.，2013；Boiral et al.，2012；Yin et al.，2011；Christmann et al.，2006），企业履行社会责任往往成为企业“装门面”或“绿色粉饰”的工具（Behnam et al.，2011）。这种企业对外展示的社会责任形象与企业社会责任行动之间的不一致，被学者称为社会责任解耦（Tashman et al.，2018）。企业社会责任并不能够改进企业的

长期经济绩效，企业社会责任履行过程的解耦行为不仅具有“烟雾弹”作用，误导外部利益相关者的感知，同时还具有“保护伞”作用，使政府、客户等外部利益相关者放松对企业的规制和审核。这些行为如果成为常态，必然对企业社会责任生态圈的正常运行造成极为不利的影响。因此，探索一条解决企业社会责任解耦困局的路径，把企业社会责任这一具有强烈道德意蕴和自愿性质的概念内化到企业的日常运营活动中去，探讨企业社会责任内化的影响机理具有现实意义。

马克思说过“一个行动胜过一打纲领”，企业社会责任战略、制度、理念必须要内化到日常的行动中去。企业社会责任内化指企业社会责任管理体系、战略、理念、制度、原则等在企业日常运营中的落实行为。鉴于企业社会责任内化在企业社会责任履行中的重要作用，已有文献开始将社会责任相关研究的方向从关注结果转为聚焦内化行动。Nair（2007）实证探讨了质量管理体系内化的功能性和制度性驱动因素，以及其对运营绩效和财务绩效的影响。Castka（2013）研究了利益相关者压力对环境管理体系内化的影响及环境管理体系内化对环境绩效和企业声誉的影响。Qi（2012）讨论了环境管理体系内化的内部和外部动机。这些研究为了解企业社会责任内化行动促成因素提供了不同的视角，为学界和实践界提供了有用的借鉴。但是，由于企业行为决策的复杂性，这些研究还不足以全面解释企业社会责任内化行动的生成原因，而且这些研究是基于企业社会责任某一方面（质量或环境）内化活动展开的，不足以涵盖企业社会责任内化的内涵。

《孙子兵法》有言：“合于利而动，不合于利而止。”企业社会责任内化行动有可能基于理性的利益权衡。从企业社会责任内化的行为特征来考察，履行企业社会责任具有典型的利他性质（Carberr et al.，2012），但是企业社会责任内化的成本却是由企业自身承担的。这就使企业不得不审视和权衡社会责任内化行动给自身带来的利益有多少。只有权衡的结果是“合于利”，企业才会采取行动；“不合于利”，企业则会不作为，同时为了获取外部认可的“合法性”，企业不可避免地在社会责任履行过程中进行解耦（Groves，1994）。人的行为是主观认知的客观表现，企业社会责任内化活动必然要建立在履行社会责任是对自己有利的认知之上。也就是说，企业社会责任必须源于心，才能内化于行。

按照社会交换理论的思想，交换关系双方完全能够将彼此的发展战略对接起来，实现优势互补，互利共赢。如果企业与客户的交换关系中存在互惠机制，则企业会考虑践行社会责任可能给企业自身带来的预期回报，从而促进企业社会责任的内化。对于企业自身来说，社会责任的内化具有明显的利他性质，客户作为企业最直接的利益相关者无疑是重要的受益者。在供应链背景下，企业履行社会责任也规避了客户潜在的社会责任风险（Hartmanna et al.，2014）。如果企业把社会责任履践当作企业自己的事情，靠外部压力强力推进其履践，其效果很可能适得其反，引发企业的机会主义行为，导致社会责任解耦现象的出现。企业间社会责任合作是一种组织间解决交换问题的互惠机制（Sancha，2015），能够降低双方交换关系的不确定性，进而抑制机会主义行为的发生，这一点也得到了实证研究的支持（Lui et al.，2009）。因此，企业社会责任内化必须寻求与客户社会责任合作的路径。

鉴于此，本书从企业内外部视角，同时讨论了企业内部的社会责任认知和企业与客户社会责任合作对企业社会责任内化的影响因素。在本书理论框架中，按照社会认知理论的观点，认知是影响行为的决定因素（Bandura，1999）。从这个意义上讲，企业社会责任内化会更大程度上取决于企业社会责任认知这一来自企业内部的主观驱动因素。但有研究认为，阻碍企业履行社会责任的客观因素主要来自践行社会责任所需的大量资金投入（Goss et al.，2011）和额外的成本支出（Harjoto et al.，2015）。人类决策行为具有“短视认知偏差”的特征（Gruber et al.，2004），人们往往更看重近期的收益和成本，而忽视长期的收益和成本。由于资源约束，企业更倾向于将资源优先配置到经济效益更显著的运营活动中去（（Perez-Batres et al.，2012）。关于成本因素导致企业在社会责任实施过程中的机会主义行为的论点已得到理论论证（Testa et al.，2014）。客户与企业社会责任合作作为一种协调企业社会责任活动的互惠机制，能够影响企业在运营活动中资源配置的偏好，使其分配更多的资源到企业社会责任内化中去。从这个意义上讲，客户与企业的社会责任合作这一外源性因素对企业社会责任内化的作用更大。所以，社会责任责任内化动因到底是源于心的力量更大还是合作于外的力量更大，都是有待验证的问题。本书实证结果检验了这一问题，能够使企业在制定社会责任内化实践激励政策时更具针对性，对现有文献也是一个有益的补充。

企业社会责任认知、客户与企业社会责任合作两个因素相互独立地对企业社会责任内化产生影响。由于要素的互补性对于增强企业的效率与效果具有重要作用，内外部因素的互补能够积极提升企业绩效（Malhotra et al.，2012；Moorman et al.，1999），因此我们进一步研究二者相互协同的影响，探究企业对社会责任的认知这一内源性因素和客户与企业社会责任合作这一外源性因素的协同作用，对企业社会责任内化的影响。在我们的研究中，明确阐述了以下论点：企业对社会责任的认知和与客户的社会责任合作都对企业社会责任内化产生了独立的积极影响，我们应该期望它们的联合作用会放大。通过二者的独立和相互协同效应对企业社会责任内化的研究，我们期望为企业社会责任内化动因的理论研究提供一个补充。

本章的主要研究贡献在于：第一，在研究对象方面，现有文献主要聚焦于企业社会责任活动的内容和结果，没有具体到反映社会责任实施程度的社会责任内化层面的研究。而社会责任内化是解决 “言行不一”行为的关键，是实质的社会责任活动（Testa et al.，2015），能够反映企业社会责任效果的实质问题，研究其影响因素具有现实和理论意义。第二，在研究视角方面，本章从企业内外部因素视角，不仅讨论了来自企业内部的社会责任认知因素，同时还讨论了来自企业外部的与客户社会责任合作因素对企业社会责任内化的影响。第三，本章研究对企业社会责任认知和客户与企业社会责任合作对企业社会责任内化的影响强度进行了比较，分析了企业社会责任认知和客户与企业社会责任合作的协同影响，使人们对企业社会责任内化的形成过程有一个深入而全面的理解。第四，本章聚焦企业社会责任内化影响因素的问题，同时也对上述两个因素对企业社会责任绩效的影响进行了讨论，分析了企业社会责任内化在其影响关系中的中介作用，强化了企业社会责任内化对于企业社会责任绩效的重要作用。

本章可以得出以下启示：企业社会责任认知和客户与企业社会责任合作是企业社会责任内化的重要动因，据此我们可以认为，当前企业在社会责任履行过程中的解耦行为很可能是由企业对社会责任的认知程度不够、企业与客户缺乏社会责任合作导致的。这意味着，在政策层面，通过强化企业对社会责任重要性的认识，寻求与客户合作共赢的路径，有利于更好地把社会责任实践深入贯彻到企业运营实践中去。这些研究不仅对相关现象进行了理论解释，同时也为未来企业社会责任内化的政策决策提供了重要参考。

第二节　理论基础和研究假设

一、相关概念及研究现状

（一）企业社会责任内化

关于企业社会责任内化当前还没有一个明确统一的定义。内化一词一开始是由心理学家 Vygotsky（1994）提出的一个心理学名词，他指出人的心理发展的内化机制是从外部的、心理间的活动形式向内部的心理过程的转化。而后内化概念被应用于知识管理理论，Nonaka（1995）提出组织知识可以划分为显性知识和隐性知识，内化是显性知识被组织内部吸收、消化，并升华为隐性知识的过程。在这些研究中，内化强调的是心理发展变化的过程，局限在心理学领域。国内学者张兰等（2011）将企业环境责任内化定义为企业获取环境责任文化并发展为环境责任意识的过程，是来自外部的环境责任要求升华到道德层面，进而转化为企业自身价值观和行为标准的认知发展过程。这一研究中，内化的关注点虽然在心理认知，但是把内化概念扩展到了环境责任管理领域，并从个体心理层面转到组织层面。Briscoe 等（2005）学者，以及 Naveh 等（2005）把内化的概念不仅从个体心理层面提升到组织层面，并在质量管理领域的研究中将内化定义为一种企业实践，提出质量管理体系（ISO 9000）内化是指管理者、决策者和员工在日常作业中应用标准管理体系的基本实践。这一定义不仅强调了企业应用过程，还关注了实践行动。此后，在质量管理体系内化（Nair et al.，2009）和环境管理体系内化（Castka，2013；Qi，2012）研究中学者们仍沿用了这一概念。

如表 3-1 所示，内化概念的发展经历了一个由个体心理学领域向组织行为学领域，由关注内化心理过程向关注内化行动表现的转化。从内化的心理发展过程来看，社会责任内化是从社会责任要求到企业价值观和行为标准的发展过程，价值观和行为标准的发展伴随着企业行动的具体表现。目前关于社会责任内化的研究虽然还不成熟，但已经有学者将内化研究引入质量管理、环境管理领域。企业社会责任管理体系和质量管理体系、环境管理体系在形式、内容上具有相通性，且都离不开理念、制度、规则等显性知识的支持，因此，本书把企业社会责任内化定义为企业社会责任管理体系（包含战略、理念、制度、原则等）在企业日常运营中的落实行动。

表 3-1 内化相关研究结果

文献	内化概念	研究领域	研究层次	关注重点	研究内容
Vygotsky（1994）	从外部的、心理间的活动形式向内部心理过程的转化	心理学	个体层面	内化过程	理论分析人的心理发展过程
Nonaka（1995）	显性知识被组织内部吸收、消化，并升华为隐性知识的过程	组织行为学	组织层面	内化过程	理论分析组织知识学习过程
张兰等（2011）	外在的环境责任要求转化为企业自身的价值观和行为标准的认知发展过程	环境管理	组织层面	内化过程	理论探讨企业环境责任的内化机理及其法律保障机制
Brisco et al.（2005）；Naveh et al.（2005）；Nair et al.（2009）；Castka（2013）；Qi（2012）	管理者、决策者和员工在日常作业中采用标准管理体系的基本实践	质量管理和环境管理	组织层面	内化行动	质量管理、环境管理体系内化的影响因素和对企业绩效的影响

（二）企业社会责任认知

企业社会责任概念呈现出多维度性，包括企业社会责任（为什么、是否要做、为了谁的利益等）（Bowen，1953）、企业社会回应（如何做、用什么方法等）（Frederick，1994）、企业社会表现（描述、衡量和预测企业行为在同一领域受到的其他社会因素影响，以及企业如何作为和/或应该如何作为）（Carroll，1979）。从这些研究中不难发现，企业社会责任概念经历了从理念和伦理向对行为导向进行管理的转变，这一转变推动了企业社会责任研究进入到一个新的领域，也使相关研究更切合企业实践的要求。由于企业社会责任概念的多维度性和动态演化特征，企业社会责任认知概念也表现为动态发展的多维度性，包括了概念认知、行为认知和绩效认知。根据本书的理论逻辑，本书主要考察企业对履行社会责任给企业自身带来的利益的认知。

（三）客户与企业社会责任合作

在供应链环境下，企业与上下游成员的合作已经被广泛讨论，内容涉及质量改进、产品开发和广告等领域（Wu，2015）。合作的成功取决于每个参与者对协作活动的一致性，共享机制通常被嵌入合作过程，为参与者提供经济利益。企业社会责任的实施涉及企业外部多方利益相关者，企业与外部的社会责任合作也涵盖了不同的合作对象和合作内容。本书专注于企业与供应链下游客户端的合作，具体表现为企业与客户通过信息共享、沟通、成本分担、利润共享等方式，共同提高企业社会责任履践的表现。

（四）企业社会责任绩效

在企业社会责任绩效测量方面，现有研究中有些采用量表测量（Lee，2016），也有一些采用了国际上常用的评级体系，如 Zhao 等（2016）采用了 SNAI 评级体系，Petrenko 等（2016）采用了 KLD 指标评价体系。由于企业社会责任绩效的复杂性和难以量化的特征，其评估标准难以达成一致的见解（de Giovanni，2012）。企业社会责任绩效是一系列复杂的决策及群体和个人行为的结果（Lulfs et al.，2014）。在经济管理活动方面，绩效是指社会经济管理活动的结果和成效，体现的是企业的管理成熟度目标，本书中所讨论的企业社会责任绩效主要指的是企业在社会责任管理方面的成熟度。

二、企业社会责任认知对企业社会责任内化的影响

人类认知和判断如何影响决策和行为是社会认知理论阐述的核心问题。人的认知受到多种社会因素的影响，而且人的主体因素如对事物的态度、信念等往往强有力地支配并引导其行为（Bandura，2001）。关于认知和行为的研究在我国可

以追溯到古代，在明代王守仁就提出了“敏于知，健于行，知行合一”的理念。就研究对象来说，认知行为研究开始逐步渗透到社会科学领域中（葛岩，2013）。虽然这一理论最初是在个人层面上发展起来的，但现有研究已经验证了个体“认知—行为”理论在企业行为领域应用的可行性。在企业社会责任相关研究中，也有相关学者从“认知—行为”的视角展开研究，如 Zhao 等（2016）从社会认知角度采用基于注意力的方法（Attention-based Approach）检验了管理者对社会问题的关注和企业社会责任实践的关系。张焕（2018）使用路径分析方法，基于江苏省 183 家企业样本，研究了社会责任认知对企业社会责任行为的影响，但这一研究忽略了企业社会责任行为的“象征性”和“实质性”差异。

Wartick 等（1985）提出了企业社会责任“三维框架”，包括企业社会责任原则、响应过程及企业行为。企业社会责任具有标准化的实践指南和原则（刁宇凡，2013），而企业社会责任内化就是对原则的响应过程和企业行为。任何企业行为选择背后都有其不同的动机，在心理学领域，行为需要动机激发和维持，动机是使行动导向某一目标的心理倾向或内部驱力（林崇德，2003）。Ryan 等（2000）在行为动机的研究上特别强调行为主体的自主性（Autonomy），即个体的自由选择性，人的内部心理因素对行为的调节和控制。企业社会责任履行并不受法律法规的硬约束，它更多的是一种发自内心的自觉自愿行为，企业在履行过程中可以自主地在内化和不内化之间进行选择（仰海锐等，2018）。然而，企业社会责任内化不同于一般的社会责任实践，强调的是内化过程和行为，这种行为以企业的自觉自愿为前提。企业社会责任认知是自我认知，也具有自主性特征，因此我们有必要基于社会认知理论探讨企业社会责任认知对企业社会责任内化的影响。

企业社会责任的认知反映了企业对企业社会责任内涵的理解处于何种程度，这一内涵不仅仅包含企业社会责任履行内容，也强调企业对推行社会责任给企业所带来的价值贡献和利益的理解（张玉爽，2011）。基于社会认知理论的逻辑，在一定条件下，企业的行为意向直接决定行为本身，而行为意向主要受某项行为实施给行为主体带来的利益认知的影响。如果企业认识到其履行社会责任是非常重要的，能够给企业带来利益，那么企业的行为意向会增强。与此同时，企业对社会责任也会持积极态度，主动展开履责活动。所以，企业社会责任认知在企业社会责任内化中具有正向的影响作用。

当前，在企业社会责任认知相关研究文献中，大多从个体层面探讨管理者的个人特征对企业社会责任认知的影响。如 Brammer 等（2007）基于 20 个国家的 1.7 万个样本，实证检验了一个企业内部高层管理者的宗教信仰会影响到企业社会责任行为。Rashid 等（2002）则研究了企业管理者的个人生活经历与其企业社会责任认知之间的关系，发现管理者的家庭环境、传统信仰与习俗、宗教、产业惯例、同事及上级的行为方式都对其企业社会责任认知产生重大影响。这些研究讨论了影响企业社会责任认知的前置变量，但是没有就其对后置变量进行研究。尽管当前也有一些研究对企业社会责任认知对企业社会责任管理的影响进行了研究，如有学者认为管理者对于企业社会责任的认知对企业社会责任管理有显著的正向影响，管理者的企业社会责任认知水平与其态度倾向和企业管理显著相关（薛天山，2015），但这些研究并没有把企业置于供应链背景之下，没有站在供应商的视角对企业社会责任内化问题展开讨论。为了验证基于供应商视角，供应商的企业社会责任认知对企业社会责任内化的影响，本研究提出以下假设：

企业社会责任认知对企业社会责任内化具有正向影响（设为 H1）。

三、客户与企业社会责任合作对企业社会责任内化的影响

社会交换理论认为，在个体参与社会互动的过程中，个体为维系与合作伙伴的利益关系，需要基于已获得的利益对合作伙伴进行价值回报，即通过采取一些有利于对方的活动维持双方的合作关系，从这种意义上讲，他们之间是一种“互惠需要”的关系，而这种需要驱动了社会交换行为的发生（Blau，1964）。由于交易双方存在着交换和依存关系，任何一方不可能完全控制达成企业目标的所有资源，都需要另一方提供资源，而另一方的某些权益主张同样依赖于交易对象才能实现。因此，具有交易关系的双方就存在着合作的可能（秦宛顺等，2007）。在供应链环境下，作为交易关系双方的供应商和客户已经形成了利益共同体，供应商缺乏企业社会责任实践会严重损害客户的企业声誉。因此，对供应商施加压力成为买方规避供应链上社会责任风险的常见做法（黄伟等，2015）。但来自供应链的压力会导致供应商在社会责任履行过程中产生机会主义行为（Testa et al.，2014），为了获取来自客户的外部合法性，企业可能只是表面上实

施了企业社会责任，并没有产生实质性的绩效（Aguinis et al.，2012；Tenbrunsel et al.，2000）。所以，越来越多的研究开始寻求通过企业间社会责任合作的方式来改进社会责任绩效。

从社会交换理论的观点来看，社会交换关系应该是一种利益互惠关系，在这种关系下，一方向另一方提供帮助、支持，另一方就有了回报的义务（Blau，1956）。这就意味着交换关系的存续有一个隐含条件，即交换双方通过将各自所拥有的资源进行互换，达到互利的目的（Lawler et al.，1999）。在企业与客户的关系中，由于客户越来越重视供应链上的社会责任风险因素，企业不但要向客户提供产品或服务，同时还要积极配合客户的社会责任管理政策，换取客户长期稳定的订单，进而获取合理利润。如果企业能够做到社会责任内化，而不仅仅是为了获得客户认可的“表面实施”，就能减少客户的社会责任风险，客户也会给供应商以更多激励。供应商与客户的关系是一种相互依赖的关系，依赖关系的形成为双方的合作奠定了基础（Rhoades et al.，2002）。

社会责任合作被称为是一种“组织间解决社会问题的机制”（Sancha，2015），能降低双方交换关系的不确定性。现有研究证明企业社会责任管理离不开供应链上合作伙伴间的社会责任合作（Youn et al.，2011；Pagell et al.，2009；Vachon et al.，2006b）。企业实施社会责任项目，需要多方的自愿参与，建立一种合作伙伴关系（Partnerships）（赵辉等，2014）。企业和客户在社会责任实施过程中经常出现作假、贿赂审核员等违规行为。并且随着客户规制趋于严格，客户压力加强，企业的各种应对措施接踵而至，而且社会上还存在一些无良的咨询公司为供应商提供造假服务。相反，如果企业和客户关系转变，客户通过向企业投入医疗、培训等资源，实施订单奖励等措施发展与供应商的合作关系，加强双方之间的信任，那么，企业在社会责任履行中的机会主义行为就会减少，进而能够促进社会责任在企业内部落到实处。

基于以上讨论本研究提出以下假设：

客户与企业社会责任合作对企业社会责任内化具有正向影响（设为 H2）。

四、企业社会责任认知和企业社会责任绩效

社会认知理论是在社会学习理论基础上发展起来的，社会学习理论认为个人因素、行为模式和环境因素之间具有三元交互关系，三种因素相互影响。其中，人的认知是个人因素的核心，同时，认知因素会影响到人的行为（Bandura，1997）。人们认识到某项行为能给自己带来更大效用时，意味着该行为给自身带来效益的不确定性降低，往往会更积极去采取该项行为。企业行为理论认为，组织是解决问题的实体，组织决策和行动取决于管理者在不同目标上的注意力分配，因此，组织关注重点可以塑造组织战略选择和活动（Zhao et al.，2016）。企业社会责任认知决定了组织会重点关注企业的社会责任绩效，进而做出有利于提高企业社会责任绩效的战略选择和活动。现有文献也表明企业社会责任认知能够正向影响企业的社会责任绩效，如 Zhao 等（2016）从社会认知角度证明了管理者对社会问题的关注正向影响企业社会责任绩效。基于以上讨论，本研究提出以下假设：

企业社会责任认知正向影响企业社会责任绩效水平（设为 H3）。

五、客户与企业社会责任合作和企业社会责任绩效

客户为了使企业配合自身社会责任目标的达成，应该协助供应商理解他们的管理政策和实践，并且对供应商的合作给予回报（Sancha et al.，2015）。这就意味着在社会责任履行实践中，企业与客户的关系不能基于一方对另一方的威胁和强制性命令，而应该是一种相互合作的关系。供应商与客户是双赢并需要双方共同强化的关系，这是供应链合作伙伴协同的本质。供应链上的企业成为利益共同体，如果供应商发生重大产品质量、环境、安全等问题，都可能导致本企业品牌、声誉受损，甚至公司倒闭（Hartmanna et al.，2014）。随着越来越多的研究对来自客户的压力能否促进供应商应用企业社会责任实践提出了质疑（Mzembe，2015），客户企业意识到，在供应链环境下，企业社会责任不可能在某一单一企业内部实现，需要企业上下游的协同合作。越来越多的客户在社会责任实践中开始重视与供应商的合作，如 Apple 公司自 2008 年起，设立了多项教育培训项目，推动供

应商员工的职业发展，2017 年为印度和中国供应商的女性员工推出了一项特别的健康计划，推动了供应商社会责任绩效的提高（资料来自 2018 年苹果公司社会责任报告）。在企业社会责任合作中，供应链合作伙伴利用彼此的资源，利用学习和知识共享的机会来增强企业社会责任表现（Zhu et al.，2013；Diabat et al.，2011）。因此，本研究提出以下假设：

客户与企业社会责任合作对企业的社会责任绩效具有正向影响（设为 H4）。

六、企业社会责任内化与企业社会责任绩效

“言必行，行必果”，《论语》中的这句话最能揭示企业社会责任内化和企业社会责任绩效之间的逻辑关系。企业社会责任内化过程（将公司的信念、态度和价值观整合到其管理层和员工中的过程）使实践者和研究人员参与了探索企业社会责任的实施过程（Canon-de-Francia et al.，2009；Balzarova et al.，2008），意味着管理者采用其基础实践应用到员工日常作业，解决了企业社会责任履行过程中“表里不一”的解耦困局（Nair et al.，2009）。好的过程和行为才能产生好的结果，对企业社会责任内化过程的控制，保证了社会责任能够在企业内部得到践行，进而对企业社会责任绩效具有积极改进作用。

在企业社会责任内化活动中，企业通过定期对社会责任管理流程进行评估，能改进流程，日常对员工展开社会责任相关的培训，能够减少企业破坏生态环境的行为和安全隐患，这些都最终表现为企业社会责任绩效的提升。为此，提出以下假设：

企业社会责任内化正向影响企业社会责任绩效（设为 H5）。

七、企业社会责任认知和客户与企业社会责任合作的协同效应

如前所述，在企业社会责任实践中，一方面，企业社会责任认知能够强化内部社会责任履行动机，从而有效地促进其社会责任内化；另一方面，由于企业社会责任内化意味着更多的成本和资源投入，如果通过寻求与客户的社会责任合作，得到客户资源支持，必然能提高其履责能力，推动社会责任内化。因此，企业社

会责任认知和客户与企业社会责任合作作为企业的“内源性”动因和外部合作这一“外源性”动因，都是增强企业社会责任标准内化的重要因素。Moorman等（1999）认为，不同的要素之间如果具有互补作用，就能增强企业的效率与效果，Malhotra等（2012）的研究也表明，内部因素和外部因素如果相互补充，就能带来企业绩效的提升。社会责任认知程度高，表明企业会积极致力于改进企业的社会责任表现，所以社会责任认知更高的企业，更有可能获得外部资源（陈劲等，2012）。在供应链上，客户也会基于供应商的社会责任认知进行评价，以规避供应链上的社会责任风险。客户对于社会责任有明确认知的供应商，对于其社会责任表现具有更好的前景预期，所以，也会更积极地与其展开合作。此外，企业与客户的社会责任合作，使其能够获取来自客户的资源支持，这些支持更强化了其对社会责任重要性的认识，进而促进其社会责任内化实践。基于此，我们认为企业的社会责任认知结合客户与企业社会责任合作，其交互作用更有助于促进企业社会责任内化。因此，本研究提出以下假设：

企业社会责任认知和客户与企业社会责任合作在提升企业社会责任内化方面具有协同作用。即一方面，企业社会责任认知会对客户与企业社会责任合作和企业社会责任内化之间的关系产生正向的调节作用；另一方面，客户与企业社会责任合作会对企业社会责任认知与企业社会责任内化之间的关系产生正向的调节作用（设为H6）。

根据以上研究假设及理论推演，本研究提出的研究模型如图3-1所示。

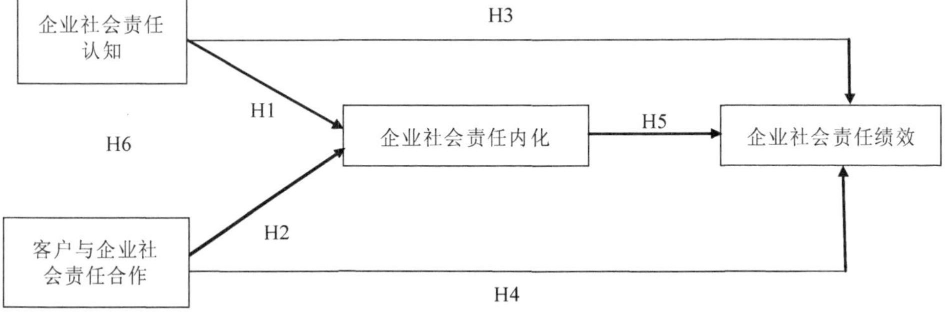

图3-1　理论模型

第三节 数据与研究方法

一、样本和数据来源

由于本章和第四章中的研究变量难以利用可获取的二手数据进行衡量，所以数据的获取采用了问卷调研方法，问卷根据研究内容，采用国外相关研究中的成熟量表，以我国的制造企业为调研对象，通过问卷发放与回收的形式收集数据。本研究选取了代表不同经济发展水平的珠三角地区和中部地区企业作为调研对象。由于问卷测量表使用的是英文文献中的成熟量表，所以我们进行了双盲翻译，并在正式发放问卷前进行了小范围的预调研，根据被调研者的反馈信息修改了不容易被理解的内容，保证被调研者能够准确理解问卷各题项的含义。为了能够使被调查者不担心信息泄密等问题，我们在问卷中特别强调说明调研的结果只用来做总体情况分析，不针对某一企业和个人。本次调研通过三种方式完成：电子邮件、实地拜访、展会。在实地和展会调研中，被访问者填写问卷过程中，调研者与其进行了充分沟通，保证被访问者对问卷的理解准确。被调研者绝大部分为了解企业全局信息的中高层管理人员，在问卷填写过程中，被访者有题项涉及自己不了解的信息时，及时询问了相关人员。在本研究中，所派发的问卷均采用了自陈量表，同一调研对象回答了所有问卷问题，因此，共同方法偏差因素（Common Method Variance，CMV）可能会影响问卷的可信度，本研究借鉴刘小平的方法，在问卷收集过程中采取了以下措施：①针对不同的量表应用了不同的指导语言；②对于一些问题进行了反向描述；③问卷填写者匿名回答问题。

本次调研共发放问卷 635 份，收回有效问卷 247 份，有效回收率为 26%。电子邮件发放样本来自商业机构所提供的出口制造企业数据库，该数据库的企业主要集中在珠三角地区，通过电子邮件发放问卷 300 份，收回 143 份有效问卷。我们对郑州的纺织服装产业园进行实地拜访，该园区有企业 36 家，收回有效问卷 20 份。我们参加了广州国际服装服饰贴牌加工（OEM/ODM）博览会，收回问卷

100 份，该展会集中了来自全国各地的服装纺织制造企业 299 家。

受访企业主要为纺织服装、皮革制鞋、电子、化工等制造企业，员工人数大部分为 100～5 000 人，但销售规模大都在 500 万～1 亿元。受访企业概况见表 3-2。

表 3-2　问卷调查企业基本情况

企业特征		企业数量/家	百分比/%
工人数量/人	＜100	22	19
	100～500	80	49
	500～1 000	62	12
	＞1 000	83	20
年销售额/万美元	＜100	9	6
	100～500	56	34
	500～1 000	34	12
	1 000～5 000	68	36
	＞5 000	80	12
出口利润占总利润比例/%	＜20	65	28
	20～50	71	29
	50～80	69	24
	＞80	59	19

从问卷派发对象来看，接受问卷调研的人员（247 人）大部分为企业中层以上的管理者，其中总经理级别占接受调研总人数的 28%、部门经理级别占 56%、一般员工占 16%，这符合本研究的调查目标要求。受访人员概况见表 3-3。

表 3-3 问卷被调查人员基本情况

	被调查者类别	频数	有效百分比/%	累计百分比/%
国籍	中国	245	98	99
	中国香港	2	2	100
职务	总经理	34	28	28
	部门经理	69	56	84
	员工	20	16	100
担任该职务年限/年	＞10	16	13	13
	5～10	30	24	37
	3～5	53	43	80
	＜3	24	20	100
在该企业工作年限/年	＞10	23	19	19
	5～10	46	37	46
	＜5	54	44	100
职业生涯年限/年	＞10	61	50	50
	5～10	10	8	58
	＜5	52	42	100
受教育程度	大学学历以上	94	76	76
	其他	29	24	100

最后，将收集到的问卷样本随机选择 20 份，与问卷填写企业取得联系，请求对方公司让不同人再填写一份问卷，再次回收的问卷与之前反馈的问卷数据进行交叉检验，结果显示两份问卷的反馈值没有重大差异，呈现出高相关性（$t=-1.54$；$R^2=0.82$），这一定程度上说明了我们所回收问卷的有效性。因此，本书以下实证部分以所回收的 247 份问卷数据为样本，分析依赖关系和权力关系对企业社会责任内化的作用机理。

二、变量测量

本研究中使用的量表除了供应商社会责任绩效量表，都参照已有研究采用的信度和效度测量指标。为了保证贴合我国背景，使西方文献中所采用的量表能有效解决我国问题，在设计问卷过程中，对量表题项进行了并行、双盲的“翻译—

回译”程序，以确保概念同一性。研究中所有问卷的测量均采用五点计分法，即从“1”（强烈反对）到“5”（非常同意）的计分方式。

（一）自变量

企业社会责任认知量表借鉴了 Shafiqur Rahman 等（2014）的研究，描述为供应商对于履行社会责任能给企业带来的利益的认知，举例条目为“企业重视社会责任是非常必要的，因为它能够吸引更多客户”。客户与企业社会责任合作量表借鉴了 Gencturk 等（2007）的研究，反映了供应商和客户之间相互的资源支持，举例条目为“我们的主要客户已投入资源，用于开发我们履行企业社会责任的能力”，如帮助建立医院。企业社会责任内化量表参考了 Nair 等的研究，反映了企业将企业社会责任内化为组织行动，并在组织内部日常运作中贯彻的过程，举例条目为“全体员工都接受企业社会责任方面的培训”，如卫生和安全隐患培训等。

（二）因变量

本书中企业社会责任绩效反映的是管理绩效，借鉴全面质量管理评价体系评价量表，包括政策体系、领导支持、文档管理、全员参与、流程管理五个方面，举例条目为“管理层努力支持企业的社会责任倡议”。

（三）控制变量

本研究在分析中控制了可能对企业社会责任绩效产生影响的企业特征，包括企业规模（以销售收入取自然对数）、每年接受社会责任审核的次数两个方面。理由如下：规模越大的企业越重视社会责任管理（张旭等，2010），企业每年接受客户或第三方审核公司审核的次数越多，在应对审核的准备工作中越可能会增加企业的社会责任绩效。

三、信度和效度检验

量表的信度和效度检验是本书在假设模型验证之前的首要工作。内部一致性系数（Cronbach's α 系数）和组合信度系数反映了本书数据的信度。根据信度检验标准，Cronbach's α 系数越接近 1，说明信度越高；组合信度系数>0.7，一般被认为可接受。如表 3-4 所示，各研究变量的 Cronbach's α 系数和组合信度系数均达到最低要求，这表明量表具有较好的信度。

验证性因子分析（CFA）方法被用来检验收敛效度和区分效度。一般情况下，如果所有测量题项的标准化负荷系数>0.5，并且达到显著水平，同时，潜在变量的平均方差提取量（AVE）>0.5 的时候，收敛效度就达到要求。如表 3-4 所示，各题项的标准化负荷系数为 0.719～0.913；CR 值>10，并且在 $p<0.001$ 的水平上差异显著；AVE 值为 0.566 7～0.791 3。综上所述，各指标都达到标准要求，说明本书所有研究变量均显示出良好的收敛效度。

表 3-4　信度与收敛效度分析结果

研究变量	观测变量	Cronbach's α 系数	因素负荷	S.E.	CR	组合信度系数	AVE
客户与企业社会责任合作	1.如果我们实行企业社会责任政策，我们会从该客户处得到奖励，如订单保证等	0.89	0.814			0.891 8	0.673 8
	2.该客户允许对企业社会责任的政策开放双向对话，从而建立这方面的共同目标		0.873	0.068	16.514		
客户与企业社会责任合作	3.我们的主要客户已投入资源，用于开发我们的社会责任履行能力，如帮助建立医院等	0.89	0.767	0.084	13.704	0.891 8	0.673 8
	4.该客户与我们密切合作，以实行社会责任政策，如人员交流、培训项目等		0.826	0.068	15.23		
企业社会责任绩效	1.具有一个完整的推动企业社会责任发展的政策体系	0.849	0.877			0.949 9	0.791 3
	2.领导支持，如经理们积极支持企业社会责任倡议等		0.847	0.044	18.278		
	3.文档管理，如该厂的意外事故或疾病率的正式报告等		0.913	0.047	21.431		
	4.全员参与，如认真采用员工的建议等		0.893	0.05	20.395		
	5.流程管理，如关于企业社会责任的工作进展，工厂召开例会进行讨论等		0.816	0.048	21.607		

研究变量	观测变量	Cronbach's α 系数	因素负荷	S.E.	CR	组合信度系数	AVE
企业社会责任认知	1.企业重视社会责任是非常必要的，因为它能够吸引更多客户	0.835	0.759			0.839 4	0.566 7
	2.我们必须保障企业社会责任的践行，以避免失去优质员工		0.719	0.102	10.892		
	3.企业社会责任方面的投资将会给我们带来竞争优势（与其他企业相比）		0.775	0.092	11.756		
	4.实行企业社会责任政策，满足客户的需求		0.757	0.091	11.472		
企业社会责任内化	1.我们会定期进行自我评估，其结果可用于改善我们的管理流程	0.9	0.823			0.900 2	0.693 1
	2.全体员工都接受企业社会责任方面的培训，如卫生和安全隐患等培训		0.792	0.069	14.414		
	3.关于企业社会责任的执行策略和程序，我们有详细的文件记录，并不断更新		0.889	0.068	17.12		
	4.我们的日常运营和管理严格按照企业社会责任的标准要求进行		0.823	0.064	15.203		

区分效度检验的是潜在变量与其他潜在变量在特质方面的差别程度，AVE 值的平方根是一个常用的衡量指标，当潜在变量的 AVE 值的平方根大于该潜在变量与其他潜在变量的相关系数时，说明潜在变量具有明显的区分效度。如表 3-5 所示，各潜在变量的 AVE 值的平方根（位于表中对角线上的数值）均大于各潜在变量与其他潜在变量的相关系数（位于表中非对角线上的数值），这表明本研究中所有潜在变量区分效度良好。

表 3-5 区分效度分析结果

潜在变量	企业社会责任认知	客户与企业社会责任合作	企业社会责任内化	企业社会责任绩效
企业社会责任认知	0.753			
客户与企业社会责任合作	0.573	0.821		
企业社会责任内化	0.69	0.753	0.833	
企业社会责任绩效	0.594	0.714	0.81	0.89

注：对角线上的数值为 AVE 的平方根。

由于样本量相对于测量题目数来说较小，为了进一步检测模型中变量之间的区分效度，本书使用软件 MPLUS 7.0 进行了验证性因子分析。参照刘小禹等（2014）的研究步骤对题目进行了打包。为了减少题目数量，先将每个超过 3 个题目的单维度变量创造 4 个指标代替原来的多题项，再将四因子模型和单因子模型进行对比：首先，运行包括企业社会责任认知、客户与企业社会责任合作、企业社会责任内化和企业社会责任绩效 4 个主要变量的四因子模型，模型的 χ^2（70）=163.82，p<0.01，CFI=0.93，TLI=0.97，IFI=0.91，RMSEA=0.053，说明四因子模型与数据的拟合度良好，同时所有因子载荷都显著，说明变量聚合效度良好。其次，单因子模型结果显示，χ^2（90）=2 132.37，p<0.01，CFI=0.11，TLI=0.091，IFI=0.33，RMSEA=0.278，表明模型拟合不被接受。结果表明变量之间具有较好的区分效度。

四、共同方法变异问题的检验

企业社会责任认知、客户与企业社会责任合作、企业社会责任内化和企业社会责任绩效由同一个被调研人评价，由此造成的同源误差，可能会由于共同方法变异（Common Method Variance）而夸大变量之间的相互关系，影响研究结论的可靠性。对于该问题，我们采用了 Podsakoff 等（2003）建议的方法进行检验。根据 Podsakoff 等（1986）所建议的 Harman 的单因子测试，我们采用 Promax 旋转的主轴因子进行分析，结果显示，没有某一因子可以对变异的大多数进行解释，第一个未被旋转的因子只解释了总体变异的 17.2%，小于 Podsakoff 等（2003）所提出的临界标准的 40%；因子分析结果出现的 3 个特征根＞1 的因子分别代表了企业社会责任认知、客户与企业社会责任合作、企业社会责任内化。这一结果说明，在本研究中共同方法变异的消极影响很有限。

第四节　实证检验与结果分析

为了检验本书提出的理论假设，通过 SPSS 16.0 进行回归估计，获得理论假设中各关系的回归系数与模型的判定系数（R^2）值。如表 3-6 所示，模型 1 是基准模型，分析了控制变量的影响。模型 2 的结果显示，企业社会责任认知对企业社会责任内化具有显著的正向影响（$\beta=0.289$，$p<0.001$），假设 H1 得到验证；同时，企业与客户社会责任合作对企业社会责任内化也具有显著的正向影响（$\beta=0.517$，$p<0.001$），假设 H2a 得到验证而拒绝了假设 H2b。综上，假设 H1 和 H2a 得到证明，但就影响程度而言，与企业社会责任认知相比，企业与客户社会责任合作对企业社会责任内化的影响更大。模型 5 显示，企业社会责任认知对企业社会责任绩效具有显著的正向影响（$\beta=0.599$，$p<0.001$），企业与客户社会责任合作对企业社会责任绩效具有显著的正向影响（$\beta=0.674$，$p<0.001$）。综上，假设 H3 和 H4 得到证明，但就影响程度而言，与企业社会责任认知相比，企业与客户社会责任合作对企业社会责任绩效的影响更大。模型 6 显示企业社会责任标准内化对企业社会责任绩效具有显著的正向影响（$\beta=0.776$，$p<0.001$），假设 H5 得到了验证。

表 3-6　假设检验回归分析结果

变量	企业社会责任标准内化			企业社会责任绩效		
	模型 1	模型 2	模型 3	模型 4	模型 5	模型 6
控制变量						
社会责任审核次数	0.425^{***}	0.041	0.062	0.207^{***}	0.113^{**}	0.113^{**}
企业规模	0.126^{**}	0.041	0.021	0.019	0.069	0.069

变量	企业社会责任标准内化			企业社会责任绩效		
	模型 1	模型 2	模型 3	模型 4	模型 5	模型 6
自变量						
企业社会责任认知		0.289^{***}	0.244^{***}		0.599^{***}	–0.014
企业与客户社会责任合作		0.517^{***}	0.512^{***}		0.674^{***}	–0.045
交互项						
企业社会责任认知×企业与客户社会责任合作			-0.116^{**}			
中介变量						
企业社会责任标准内化						0.776
R^2	0.22	0.35	0.35	0.21	0.24	0.29
F 值	35.664^{***}	123.217^{***}	103.853^{***}	85.379^{***}	94.768^{***}	83.42^{***}
ΔR^2	0.22	0.13	0	0.21	0.03	0.05
ΔF 值	35.664^{***}	110.235^{***}	77.833^{***}	85.379^{***}	66.743^{***}	72.312^{***}

注：N=247。***为 $p<0.001$（双尾检验），**为 $p<0.01$（双尾检验）。

模型 3 检验了交互项的影响，为了尽量降低交互项与控制变量、自变量之间的多重共线性问题对检验结果产生的影响，本研究在测算交互项之前，分别对调节变量和自变量进行了中心化处理（宋华等，2017）。对回归方程的共线性检验显示，每个回归模型的 VIF 均小于临界值（10），由此表明回归模型中的共线性问题不会对检验结果产生实质性影响。检验结果显示，交互项对企业社会责任内化呈现出了显著的负向作用（$\beta=-0.116$，$p<0.05$），即企业社会责任认知对企业与客户合作和企业社会责任内化之间的关系发挥负向调节作用；企业与客户社会责任合作也对企业社会责任认知和企业社会责任内化之间的关系发挥负向调节作用。综上，假设 H6 未得到证明，数据结果表明，在影响企业社会责任内化方面，

企业社会责任认知和企业与客户社会责任合作之间可以相互替代。

在表 3-6 的回归分析中，验证假设的同时，我们发现如模型 6 所示，在引入企业社会责任内化变量后，企业社会责任认知和企业与客户社会责任合作对企业社会责任绩效的影响变得不显著（$\beta=-0.014$，$p>0.1$；$\beta=-0.045$，$p>0.1$），这说明企业社会责任内化在企业社会责任认知和企业与客户社会责任合作对企业社会责任绩效的影响过程中可能具有中介效应。因此，我们借鉴 Preacher 和 Hayes（2004）的做法，使用 bootstrapping 的方法计算了中介效应的 95% 置信区间，进而对企业社会责任内化的中介作用进行检验。把 BCA（Bias Corrected and Accelerated）置信区间设定为 0.95，然后进行 2 000 次重复抽样。该检验结果中如果“0”没有处于置信区间内部，说明中介效应存在。相比较以往的 Sobel 检测，bootstrapping 方法被认为是一种检测中介效应更有效的方法。该方法的优点在于它不依赖于标准抽样分布的假设，这样 TypeI 错误发生的可能性就会减少。在以上分析中，当企业社会责任认知作为自变量、企业社会责任绩效作为因变量、企业社会责任内化作为中介变量时，分析结果显示通过企业社会责任内化的中介效应是 0.032 6，95%的置信区间为 0.012 9～0.058 6，由于“0”在置信区间之外，表明存在显著的中介作用，而且当企业社会责任内化进入回归方程后，企业社会责任认知对企业社会责任绩效的影响作用不再显著（$\beta=0.06$，n.s.），表明存在完全中介作用。企业与客户社会责任合作作为自变量的结果显示，企业社会责任内化的中介效应是–0.018 6，置信区间为–0.040 5～–0.007 7，由于“0”在置信区间之外，表明存在显著的中介作用，而且当企业社会责任内化进入回归方程后，企业与客户社会责任合作对企业社会责任绩效的影响作用不再显著（$\beta=0.01$，n.s.），表明存在完全中介作用。

第五节 小结与评论

本研究建立了一个基于社会认知理论和社会交换理论的社会责任内化模型，在企业—客户交换关系框架下，纳入企业社会责任认知、客户与企业社会责任合作、企业社会责任内化及企业社会责任绩效等关键变量，对企业社会责任认知、客户与企业社会责任合作影响企业社会责任内化和企业社会责任绩效的内在作用机制进行了深入探索，在一定程度上拓展了企业社会责任研究领域。此外，作为企业社会责任管理对影响企业社会责任绩效因素的探索性分析，本研究提出了理论假说，并利用逐步回归方法对247个样本数据进行了实证检验，检验结果见表3-7。

表3-7　研究假说检验结果

假说	具体内容	检验结果
H1	企业社会责任认知正向影响企业社会责任内化	支持
H2	客户与企业社会责任合作正向影响企业社会责任内化	支持
H3	企业社会责任认知正向影响企业社会责任绩效水平	支持
H4	客户与企业社会责任合作正向影响企业社会责任绩效水平	支持
H5	企业社会责任内化正向影响企业社会责任绩效水平	支持
H6	企业社会责任认知和客户与企业社会责任合作协同正向影响企业社会责任合作	反向影响

一、研究结论

第一，企业社会责任认知和客户与企业社会责任合作对企业社会责任内化和企业社会责任绩效具有显著的正向影响，但就影响程度而言，与企业社会责任认知相比，客户与企业社会责任合作影响更大。社会责任无法落实，往往是因为履责企业没有能力来充分履责，在履责要求和企业现有能力之间具有差距。并且，已有研究证明，随着我国可持续发展理念的深入人心，企业对于履行社会责任重要性的认知逐步提高，资源和能力是约束企业履行社会责任的重要因素（高勇强等，2012）。而在与供应链上客户的社会责任合作中，企业能够利用学习和资源共享的机会来增强社会责任履践能力。

第二，企业社会责任认知可以通过企业社会责任内化对企业社会责任绩效产生积极影响。其中，企业社会责任内化在企业社会责任认知与企业社会责任绩效之间起完全中介作用（Baron，1988）。许多企业有积极认知，但是不能转化为执行力，因此，企业社会责任认知并不一定会促进企业社会责任绩效，而只有当这种认知转化为企业社会责任内化实践时，才能够改进企业社会责任绩效。通过企业社会责任认知积极性的提高，强化社会责任内化动机，社会责任在内部业务流程中的贯彻落实，能够给社会责任绩效带来实质性的改进。

第三，客户与企业社会责任合作可以通过企业社会责任内化对企业社会责任绩效产生积极影响。其中，企业社会责任内化在客户与企业社会责任合作和企业社会责任绩效之间起完全中介作用。这意味着客户与企业社会责任合作并不一定会促进企业社会责任绩效，而只有当这种合作真正转化为企业社会责任实践时，才会提升企业社会责任绩效。在供应链上，与客户展开社会责任合作能够增强企业之间的互动，客户为供应商提供的资源使供应商改善或者改变当前的活动，更好地履行社会责任。而社会责任内化作为其执行力的体现，能够有效增强企业社会责任绩效。

第四，在社会责任实施过程中，企业社会责任认知和客户与企业社会责任合作对企业社会责任内化均具有积极作用，但二者之间存在一定的消减作用。这个结果与我们的假设相悖。我们的研究假设提出，客户更偏向于和具有积极社会责任认知的企业合作，客户对社会责任认知积极的企业具有更好的社会责任绩效预期，并且企业通过与客户合作获取资源能够强化其社会责任认知。但是，这说明企业社会责任认知和企业与客户合作之间存在其他的影响机制，可能的原因为：高的社会责任认知意味着企业对社会责任价值的需要，企业具有很强的内部自我驱动力，推动企业社会责任内化。如果客户意识到企业这种强烈的内驱力，互动的主导权就掌握在了客户手中，他们会认为在合作中即使不投入资源，企业一样会自觉履行社会责任。因此，企业与客户社会责任认知程度高的情况下，客户与企业社会责任合作对企业社会责任内化的正向影响会减弱。此外，合作关系一旦建立，客户投入了资源，这些资源就成为企业的既得利益，根据边际效用递减的规律，认知对内化的影响作用也会变弱。这一结果的发现对于如何采用不同的理论视角深化对内化问题的研究具有重要的启示。

二、实践启示

本章的经验证据对于企业了解内部认知和外部合作对企业社会责任行为的影响，对于如何有效引导企业社会责任内化实践，推进企业社会责任运动的发展具有借鉴意义。针对上述分析，本章提出以下几点建议：

第一，“诚于中者，形于外”。企业应考虑如何强化内部对于社会责任的积极认知，促进企业社会责任的实施，进而提升企业社会责任绩效。本研究表明，企业社会责任认知对于企业改进社会责任绩效有着积极作用。对于企业来说，应该采取措施让企业内部切实认识到履行社会责任会给企业带来的好处，让企业做到“合于利而动”，把社会责任落实到实际行动中去。

第二，本研究表明，客户与企业社会责任合作对于企业改进社会责任绩效有着积极作用。对于企业和客户双方来讲，如何寻求更广泛的共同利益，深化企业社会责任合作是提升企业社会责任绩效的关键。对于客户来讲，也要转变思维。

第三，企业社会责任履行过程中，内化是关键，正如马克思所说“一个行动胜过一打纲领”，只说不做、表里不一的企业社会责任行为并不能切实提高企业社会责任绩效。本研究表明，企业社会责任内化完全中介了企业社会责任认知和企业与客户合作对企业社会责任绩效的影响。这就提醒我们，要特别关注企业社会责任在企业内部的内化过程，把社会责任准则切实应用到日常运营行为中去。同时，对于客户和其他外部利益相关者来说，该研究具有借鉴意义。正如孔子在察人时所言：“视其所以，观其所由，察其所安。”我们审查一个企业的社会责任状况也是如此，不仅要看它的动机，更要看它的行动和意愿，不能只看它说了什么，更应该关注它做了什么，是不是心甘情愿去做，这才是影响绩效的关键。

第四，理论上，企业社会责任认知和企业与客户的社会责任合作能够相互作用，共同对企业社会责任内化产生正向影响。然而，我们的实证发现了相悖的结果，我们尝试从不同的理论逻辑对此进行了分析。在企业实践中，一方面，客户在与企业的合作中要通过增强相互依赖、信任等深化合作，减少合作主体的机会主义行为。另一方面，对于履行社会责任给企业带来的利益也要有一个合理的预期，要深刻理解“既以为人，己愈有；既以与人，己愈多”的思想内涵，认识到企业社会责任履行可以实现客户和自身的双赢。

三、研究局限与展望

（一）研究局限

由于社会责任履行中的“言行不一”，如何切实提高企业的社会责任绩效一直是理论和实践界关注的重点。本研究对企业社会责任认知和客户与企业社会责任合作影响企业社会责任绩效的内在机制进行了深入探索，尽管一定程度上丰富了企业社会责任管理理论，并得到了一些对企业社会责任管理实践有一定参考价值的结论，但仍然存在一些局限性。

首先，本研究中的样本数据采集过程中，虽然尽可能兼顾多个行业，但毕竟不能涵盖所有行业类型，而不同行业的社会责任管理也会存在差异，不同类型的企业是否均适用于这一理论框架也需要进一步研究。

其次，企业和客户合作是一种二元关系，也就是企业和客户的双边关系，但是我们的实证数据只是基于企业作为供应商对双方合作关系进行评价而来的数据。

最后，由于本研究应用的是同期收集的问卷数据，对于此类截面数据，不能从时间序列上考察研究问题的动态变化。

（二）研究展望

本章研究结论和不足为我们未来的研究方向提供了启发，可以考虑从以下几个方面展开。

首先，本章提出的企业社会责任认知和客户与企业社会责任合作之间的协同效应没有得到验证，二者协同作用对企业社会责任内化的影响是消极的，没有支持我们的假设。对于可能的原因，本章尽管做出了理论解释，但也可能存在其他的因素，这值得在理论和实证上进一步深入研究。

其次，本章得出了的结论——供应链上企业与客户的合作对企业社会责任影响作用更大——提醒我们，来自供应链上的影响企业社会责任内化因素可能更值得深挖。未来研究可以进一步讨论供应链上企业与客户关系对企业与客户社会责任合作和企业社会责任内化的影响。

最后，针对前述本章研究的局限性，未来研究可以采用来自供应商—客户配对的数据、多行业的数据和多时间节点的数据展开研究，以得出更为可靠的结论。

第四章　供应链依赖关系对企业社会责任内化的影响

上一章我们探讨了企业社会责任认知和客户与企业社会责任合作对企业社会责任内化的内部拉动因素和外部推动因素。研究发现二者都对企业社会责任内化具有积极的驱动作用，客户与企业社会责任合作的驱动作用相对更大。由此，激发我们从供应链上企业与客户关系的视角进一步深入讨论企业社会责任内化的影响因素。不同的企业与客户依赖结构特征在企业与客户交换关系中广泛存在，影响到企业的生产运营活动，那么其对企业社会责任内化活动会产生什么不同的影响，是本章需要探讨的问题。

第一节　本章前言

企业作为一个置身众多利益相关者所构筑的生存环境中的组织，其与外部利益相关者的交互影响也必然会影响到企业的社会责任活动。客户是企业最直接的利益相关者，也是企业供应链上最直接相关、最重要的一环，探讨企业和客户之间的关系如何影响企业社会责任内化具有现实和理论上的意义。

供应链上的依赖和权力关系对企业社会责任内化的影响是本书试图探讨的一个问题。供应链上合作伙伴间的依赖和权力结构对企业的运营管理产生的影响受到了广泛的关注（Sanzo et al.，2007；Gulati et al.，2007），但企业社会责任内化问题还没有得到足够的重视。尽管也有研究根据交易伙伴之间依赖（权力）对称与不对称的程度进行了区分（Kumar et al.，1995），提出在相互依赖不对称的情况下，权力强大的买方在控制供应商的社会责任实践方面具有更大的影响力（Andersen et al.，2011），但是，如果买家处于弱势的谈判地位，就可能难以影响供应商（Pedersen et al.，2010）。企业对客户的依赖、客户对企业自身的依赖以及双方的相对依赖程度，这些因素会对企业社会责任内化产生何种影响都是有待验证的问题。

本研究认为从企业和客户的依赖关系出发探讨其对企业社会责任内化的影响是一个可行的思路。已有研究表明来自供应链（客户）的社会责任压力是驱动企业履行社会责任的重要因素（黄伟等，2015），但也有学者从制度理论视角解释了这是由于外部压力而履行企业社会责任的动机（Liston et al.，2016；Schoenherr et al.，2013；Boiral et al.，2012；Naveh et al.，2004）。研究表明，来自客户压力而履行社会责任并不一定能够改善企业的社会责任绩效，为了得到来自客户的认可，获得合法性，企业可能只是象征性地履行社会责任，而不能在内部运营实践中贯彻落实（Andrew，2016）。这些研究不仅结论有冲突，而且还只关注了企业所感知的来自客户的单方面的压力，没有考虑客户与企业相对的依赖关系所产生的向对方施加的压力因素。在本书中，我们不仅关注依赖的方向，并且关注依赖程度，讨论了企业和客户单向的依赖，同时也探讨了企业与客户相互的依赖关系对企业社会责任内化实践的影响。

在探索建立企业与客户依赖与企业社会责任内化关系的模型时，由于在上一章研究中我们发现，供应链上的客户与企业社会责任合作对企业社会责任内化具有显著的影响，因此，本章我们也试图进一步讨论企业和客户依赖关系对客户与企业社会责任合作的影响，以更好地解释来自供应链上的因素对企业社会责任内化的影响。企业和客户间依赖关系是双方合作行为的主要来源（秦宛顺等，2007），正是由于二者的依赖关系，任何一方都需要另一方提供资源，另一方某些权益主张同样依赖于交换对象才能实现，因此具有依赖关系的双方就存在合作的可能，而双方合作的效果又会影响到企业的社会责任表现。从这点来看，客户与企业社会责任合作很可能充当企业与客户依赖关系影响效应的中介变量。

此外，企业与客户的依赖关系是决定机会主义行为是否多发的重要因素（Provan et al.，1989），学者们检验了信任对机会主义的影响并发现，当交易中的一方对另一方有更多的信任时，其看重的往往是长期的合作关系和利益，会尽可能地控制自身的机会主义倾向（Leonidou et al.，2008）。由此可见，探索在不同的企业与客户信任程度下，企业与客户依赖关系对客户与企业社会责任合作的影响程度差异，有利于我们更深入剖析企业与客户依赖关系对企业社会责任内化的影响机制。

综上，本研究从供应链视角出发，基于“依赖—合作—内化”的理论逻辑，探索企业与客户依赖关系特征是如何增强企业社会责任内化的。此外，客户与企业社会责任合作在企业与客户依赖关系对企业社会责任内化间发挥的中介效应，企业与客户信任如何调节企业与客户依赖关系同客户与企业社会责任合作之间的关系也被讨论。因此，本研究可能的贡献在于：第一，企业社会责任内化问题一直是影响企业改进社会责任绩效的主要“瓶颈”，以往研究主要从利益相关者理论（平新乔等，2009；Berger et al.，2002）、制度理论（罗正英，2010；Hedges et al.，2007）等视角对其进行探索，本书从供应链视角，从企业与客户的依赖关系和合作出发研究企业社会责任内化问题，丰富和补充了供应链社会责任理论。第二，供应链社会责任是供应链管理与社会责任管理交叉产生的新的研究领域，目前尚处于新的探索阶段，针对该领域的现有讨论依然更多的是围绕其概念、模式以及对企业绩效的影响等方面展开（Wandfluh et al.，2016；Hofmann et al.，2010），关于供应链上企业与客户不同的依赖关系特征如何对企业社会责任内化产生作用缺乏相关的实证研究，通过对我国供应商的样本调查数据，实证探索企业与客户的依赖关系特征对企业社会责任内化的影响机理。第三，本研究在企业与客户的依赖关系特征分析的基础上，进一步探索了企业如何利用与客户的依赖关系促进与客户的社会责任合作，以及与客户的社会责任合作如何作用于社会责任内化，试图打开企业在社会责任实施过程中的理论黑箱，深化和拓展供应链社会责任相关研究。

从实践来看，本研究对于破解企业社会责任应用过程中的“言行不一”难题具有一定的意义。供应链压力以企业社会责任作为企业改进社会责任绩效的一种重要方式，企业需要清晰认识并平衡企业与客户的依赖关系，并且利用这种关系促进企业社会责任内化。利用企业与客户依赖关系促进双方社会责任合作也是企业社会责任内化的关键。因此，本研究立足我国企业，探索企业与客户的依赖关系特征对企业社会责任内化的影响机理，从而为企业提高社会责任内化实践提供理论启示与具体指导意见。

第二节　理论基础与研究假设

一、企业间依赖关系

资源依赖理论（Resource Dependence Theory）和制度理论、演化理论等一同为探讨组织与外部环境的关系提供理论基础。组织间依赖是资源依赖理论中的重要概念，这一构念对组织间依赖进行维度上的划分，用双边的视角来看待企业间依赖度和权力的动态变化（Gulati et al.，2007；Casciaro et al.，2005），进一步深化和完善了资源依赖理论。但是，目前对组织间依赖的内涵和定义界定尚未统一，维度和测量方法也不同（表 4-1），这也造成了现有相关实证结论的不统一和混淆。

组织依赖的定义、维度划分和测量见表 4-1、表 4-2。

表 4-1　组织依赖的定义

理论基础	定义
社会交换理论	依赖度定义为组织单元或个人之间彼此影响的程度
资源基础理论	关系中的一方无法完全掌握某项活动或某种结果必需的资源时便会产生的现象
社会交换理论	Emerson 将组织间依赖的内涵表述为交易双方对彼此依赖程度的总和与差异，是组织权力的源泉
整合视角	组织间依赖是组织单元之间彼此影响的程度，这种影响可能来源于组织对资源的需求、交易关系的深度和紧密程度、组织在所处网络中的结构特征等各个方面，依赖程度的不同决定了组织权力的大小

表 4-2　组织依赖的维度划分和测量

理论基础	维度定义	维度	测量
社会交换理论	Emerson 将组织间依赖划分为联合依赖（Joint Dependence）和不对称依赖（Dependence Asymmetry）	联合依赖、不对称依赖	依赖程度总和、依赖程度差异

理论基础	维度定义	维度	测量
内生性和外生性视角	Madhok 和 Tallman 认为，组织间对资源的依赖既有内生的，也有外生的。内生的依赖是由于关系双方拥有内在关联的资源，而正是这种资源的互补性使得企业出于经济目的进行合作或交易，因此，这种依赖性又可被看作结构依赖（Structural Dimension）。而外生的依赖则是由于交易的对方拥有对组织来说稀缺的、不可替代的资源，而这种依赖性产生于交易进行过程中，因此被称作过程依赖（Process Dimension）	结构依赖、过程依赖	没有测量，仅限于从理论层面上讨论
交易关系双边视角	Buchanan 开创的对称性依赖和非对称性依赖，这一维度的划分主要依据交易关系双方对彼此的依赖程度差别，互相依赖程度一致的是对称依赖，而互相依赖程度差别较大的则是不对称依赖	对称性依赖、非对称性依赖	用双方依赖程度的差异来衡量
社会交换理论	Casciaro 等将组织间依赖的两个维度表述为互相依赖（Mutual Dependence）和权力不均衡（Power Imbalance），认为互相依赖反映了在二元的组织间关系中，无论权力（依赖程度）均衡与否，都存在的双边依赖，既可以用双方依赖程度的总和表示，也可以用平均数表示。权力不均衡不仅可以用双方依赖程度的差异来衡量，还可以用强者、弱者之间的依赖度比例衡量（这一维度的划分和 Emerson 联合依赖与不对称依赖的划分在内涵上是一致的）	互相依赖、权力不均衡	用双方依赖程度的总和表示，或用其平均数代替用双方依赖程度的差异来衡量，或用强者、弱者之间的依赖度比例来衡量

组织间依赖反映在二元的组织间关系中，无论权力（依赖程度）均衡与否，都存在双边依赖。Emerson 等（1962）认为组织之间依赖并不是非此即彼的零和关系，应该从非零和博弈的角度观察企业间依赖关系，同时衡量了双边关系中相互依赖度的总和与差异，这一构念在同一个理论模型中统一了组织间依赖的两个维度，在理论和实证检验方面都受到广泛认可。Buchanan 等（1992）对于依赖度的划分相对于 Emerson 等（1962）的研究还有不足，因为这种划分方法仅关注了不对称依赖，并没有考虑联合依赖。Madhok 和 Tallman 等（1998）创新性地提出了内

生性结构依赖和外生性过程依赖，具有理论上的创新性，但这一构念实证测量上具有难度，并且两个依赖性维度也难以在一个模型中统一，在理论和实证研究中有其局限性。Casciaro 等（2005）尽管提出了互相依赖和权力不均衡两个依赖的维度，但是相比较 Emerson 的划分方法只是新瓶旧酒，在内涵上并无区别。综合以上研究，本书在探索企业和客户依赖关系对企业社会责任内化的研究中，采用了 Emerson（1962）的方法衡量依赖的双边关系。

二、资源依赖理论与企业社会责任内化

资源依赖理论的核心观念提出，组织要生存，离不开它所处环境中其他组织所提供的必要资源。组织对外部资源的需求导致了组织对外部环境的依赖，而组织对环境的依赖程度取决于外部资源的重要性和稀缺性（Hillman et al.，2010）。在资源依赖理论中，依赖是指一方为了实现自己的目标而需要与另一方维持交换关系的心理与行为状态（Kale，1991）。双方的依赖强度，表现为一个企业对另一个企业的重要性和可替代性程度（Emerson，1962）。具体而言，企业和客户作为交换关系的主体，其依赖关系可以划分为企业对客户和客户对企业两个方向的依赖。如果企业对客户而言重要性程度高，并且客户难以找到替代供应商资源，那么企业自身就更有权力，反之则客户更有权力。

同时，企业和客户依赖是一种双边依赖，企业对客户和客户对企业两个方向的依赖关系中蕴含依赖的不对称和联合依赖。从广义上讲，可以从两个方面考虑权力依赖性：①权力不平衡或不对称的相互依赖；②共同相互依赖或对称相互依赖。依赖不对称情况下权力更强大的一方能够获得有利的交换条件，并“强迫他人做他们本来不会做的事情”（Crook et al.，2007）。对于采供双方中的一方来说，内部流程的改善，要依赖于买卖双方二者的地位和关系的特点（Hall，2000）。在供应链上，企业和客户的依赖程度具有相对强弱之分，且不同的依赖程度会影响到双方的运营管理活动。企业社会责任内化作为企业改善社会责任绩效的一种运营管理活动，自然会受到双方之间的依赖程度的影响。

权力和依赖已经在供应链文献中进行了广泛的研究（Shields et al.，2008；Caniels et al.，2007），并且已被用来解释买方—供应商承诺和整合（Xiong Y et al.，2016）、

供应链满意度（Benton et al.，2005）、信任（Ireland et al.，2007），以及公司间合作（Mentzer et al.，2011）、质量管理体系的实施（Singh et al.，2011）、企业间机会主义行为（寿志钢，2018）等。但是，依赖或权力关系对企业社会责任内化的影响尚没有实证研究，本书基于现有理论弥补了这一研究空缺。

三、依赖关系与企业社会责任内化

依赖关系是供应链的关键要素之一，因为它们使供应链上更强大的一方能够获得有利的交换条件，并强迫另一方做他们本来不会做的事情（Crook et al.，2007）。企业的社会责任声誉具有溢出效应，供应链上一个企业的社会责任行为会跨越企业边界，影响到另一企业的社会责任声誉（费显政等，2010）。在供应链环境下，如果供应商发生重大产品质量、环境、安全等问题，都可能导致客户品牌、声誉遭受损失，甚至倒闭。在供应链上，客户更接近消费者，当社会责任丑闻发生时，消费者会把责任更多地归因于客户企业，进而会对客户的产品产生抵制倾向（Julia Hartmanna et al.，2014）。为了防范供应链上的社会责任风险，客户往往成为企业社会责任实施的推动者，以确保整个供应链的社会责任，保护其免受供应商社会责任问题的牵连。如苹果公司 2017 年对 30 个国家和地区的 756 家供应商工厂进行社会责任评估，其中中国供应商有 256 家，沃尔玛也在 2017 年变革了采购政策，用 SA8000 等标准认证取代了传统的责任采购审核。因此，对于客户来讲，为了规避供应链社会责任风险，需要供应商切实改善社会责任绩效而不是为了应对客户检查的"象征性"实施。如果供应商对客户依赖程度较高，客户就具有更大的权力，为了实现自己的目标，客户就会通过控制和拥有产生权力的来源来影响供应商（项国鹏，2007），同时由于企业主要经济利益来自客户，并且客户资源可替代性弱，企业的机会主义行为风险增加，因此即便社会责任内化实践会给企业带来额外的成本增加，企业也会履行社会责任内化实践。

对于企业来说，社会责任实践的成本和收益，即这些实践涉及的实施成本以及为企业带来的声誉或经济效益的衡量是企业履行社会责任内化实践的重要尺度（Xun Tong et al.，2018）。现有研究表明，履行企业社会责任需要资金投入和组织结构的重新配置（Goss et al.，2011；McWilliams et al.，2001），维持高水平的企业社会责任绩效需要企业承担额外的成本支出（Harjoto et al., 2015; Kiessling et al., 2014）。由于企业社会责任实施成本因素，来自供应链的压力会导致供应商在企业社会责任履践过程中的机会主义行为已得到理论论证。利益相关者（如客户和媒体等）的制度压力也被认为是影响组织是否参与企业社会责任的主要因素。现有研究从制度理论视角来证明企业可能只象征性地履行企业社会责任，并不能期望从中获取多少实质性利益（Aguinis et al., 2012）。

甚至还有研究提出，处于供应链上游的发展中国家的一些供应商认为，更高的劳动力成本和各种环境标准是将其出口保持在发达国家市场之外的隐蔽保护（于梦璇等，2016）。即使在大多数发展中国家建立了有关劳动条件、环境和商业道德的适用法律或标准，它们也被束之高阁，没有被一些供应商有效执行或完全了解（Porter et al., 2006）。估计只有20%的我国供应商遵守工资规则，只有5%的服从工时限制（Roberts et al., 2010）。以上研究都说明，主要由于成本因素的考量，企业通常是不愿意主动把企业社会责任内化到企业运营中去。而在客户对企业依赖情况下，企业具有更大权力，企业经济利益不主要依赖客户并且客户可替代性强，企业的机会主义行为风险小，所以更多倾向于社会责任的“象征性”实施，而不会把其内化到企业运营实践中。基于以上讨论，我们提出以下假设：

企业对客户依赖正向影响企业社会责任内化（设为H1a）。

客户对企业依赖负向影响企业社会责任内化（设为H1b）。

四、依赖关系和客户与企业社会责任合作

企业社会责任实施过程中企业的合作行为与其依赖程度密切相关。在单边依赖情况下，被依赖企业就会产生权力，这种权力表现为通过控制产生权力的来源来影响依赖方，以达到自己的目的（项国鹏，2007）。企业由于对方对自己的依赖会处于强势地位，进而可以利用其强势地位控制处于劣势地位的企业（Gulati et al., 2008），将自身的利益置于合作伙伴之上，创造不对等的互动条件，迫使其按照自己的意愿去做出行为选择。

企业间依赖程度决定着企业的合作动机（任旭等，2009）。企业对掌握独特资源的合作伙伴依赖性越大，越具有期望从合作中获取资源的更强烈动机。如果企

业对客户产生依赖，客户就成为具有权力的一方，其为了规避自身供应链上的社会责任风险，希望通过在供应商企业内部融入社会责任理念、行动，形成统一的社会责任行动，进而强化自己在供应链社会责任方面的竞争优势。在客户对企业依赖中，企业权力更大，基于前文所述由于社会责任实践的成本等因素，供应商本身不愿意在合作中投入社会责任相关的资源，而自身的权力优势地位也削弱了客户对其的影响。基于以上讨论，我们提出以下假设：

企业对客户依赖正向影响客户与企业社会责任合作（设为 H2a）。

客户对企业依赖负向影响客户与企业社会责任合作（设为 H2b）。

五、依赖不对称和联合依赖及客户与企业社会责任合作

在双边关系中，完全平衡的依赖关系是很少见的，更多的是不对称的依赖关系。不对称依赖导致双方的权力不均衡，通常受到更多依赖的一方占有依赖优势，因此拥有更多权力（Emerson，1962）。权力弱势方会极力采取措施吸收资源约束，权力占优势一方的出于对自己利益的保护，将会抵抗并设法阻碍弱势一方吸收资源约束的努力。因此，在交易关系中，拥有依赖优势的一方会采取更多的对抗性行为，以牺牲对方利益为代价为自己在交易中攫取更多价值（Blau，1964），提升自己的绩效。这种行为就会造成企业与客户社会合作关系中的冲突。企业间协同合作是主体出于获取外部资源目的的策略性行为，企业对外部资源的需求构成了主体对外部环境（供应商、制造商、顾客等）的依赖（崔蓓等，2017）。而关于相互依赖不对称对合作伙伴关系产生的影响，多数学者皆持负面态度。Anderson 和 Weitz（1989）认为，对称性关系远比非对称性关系更具稳定性；Heide（1994）认为相互依赖不对称将导致渠道合作伙伴间利益不一致、关系的低稳定性；Ganesan（1994）认为在关系长期导向中，关系非对称性可能导致经销商和供应商之间利益的不匹配，这种不匹配会造成合作伙伴高度的冲突、不满甚至关系终止。

联合依赖代表着关系主体间的内聚力水平和结构强度（Lavie，2012）。联合依赖程度高意味着双方关系中一方或者双方高度的交互投入水平，形成高度嵌入的关系结构，这种高度嵌入的关系结构会产生锚定效应，联合依赖程度高的两个企业不会轻易更换合作伙伴，这种高度嵌入的关系结构也是双方均期望长期维持

的，关系主体之间也自然会产生高度重复的互动（Gulati et al.，2008；Lawler et al.，1996）。双方为了维护这种结构的稳定性，对这种频繁复现的关系结构中的投入水平也会逐步趋于公平（Johnson et al.，2000；Mizruchi，1989），在投入水平对等情况下，双方的依赖也会最终趋于对称（Pfeffer et al.，1978）。

联合依赖不同于在不对称依赖中强势一方会采取的价值攫取行为（Value Appropriation），在联合依赖程度高的交易关系中，双方都会对对方的态度和行为给予高度关注，提升交易关系的质量。对对方的重视也使得他们会认真细致地就交易进行协商，而这种对彼此的互相依赖也使得双方都会倾向于从正面来理解和回应对方的行为，从而通过达成更多的协议进一步促进了双边关系中的凝聚力和双方对交易关系的情感承诺（Lawler et al.，2008；Lawle et al.，1996）。而在这种深度的交易关系中，联合依赖的双方都会增加价值创造行为（Value Generation）。基于以上讨论，本书提出以下假设：

依赖不对称负向影响客户与企业社会责任合作（设为 H3a）。

联合依赖正向影响客户与企业社会责任合作（设为 H3b）。

六、依赖不对称和联合依赖与企业社会责任内化

对于企业和客户双方的一方来说，内部流程的改善，要依赖于买卖双方二者的地位和关系的特点（Hall，2000）。企业社会责任内化体现在企业社会责任在内部运营流程中的落实，根据社会责任的要求，在培训、文档管理等内部管理流程方面进行改进。在企业与客户依赖不对称情境下，不对称依赖降低了关系成员对彼此的承诺和信任水平，而从交易关系中的不平等收益也使得交易关系双方之间利益不匹配，由此增加了关系中的冲突水平（任星耀，2009），双方很难就企业内部业务流程的改善达成一致目标。联合依赖描述为在二元关系中交易双方彼此依赖的总和，因此也可称为双方关系的凝聚力（Cohesion），这种凝聚力可以使双方拧成一股绳，就企业内部业务流程的改善达成一致目标。因此，本书提出以下假设：

依赖不对称负向影响企业社会责任内化（设为 H4a）。

联合依赖正向影响企业社会责任内化（设为 H4b）。

七、客户与企业社会责任合作和企业社会责任内化

根据社会交换理论的观点，在社会互动关系中，个体为了维系自身的利益关系必须对已获得的价值给予交换对象回报，即通过践行有益于对方的行为维持双方的交换关系，双方的交互必须基于“互惠需要”，正是这种需要的存在，社会交换行为才会发生（Blau，1967）。由于交易双方存在着交换和依存关系，任何一方不可能完全控制达成企业目标的所有资源，都需要另一方提供资源，而另一方某些权益主张同样依赖于交易对象才能实现，因此具有交易关系的双方就存在着合作的可能（秦宛顺等，2007）。在供应链环境下，作为交易关系双方的供应商和客户宛若一条绳上的蚂蚱，已经形成了利益共同体，供应商缺乏企业社会责任实践会严重损害客户的企业声誉，例如，富士康工人恶劣的工作条件和低工资被披露，导致媒体和消费者对苹果产品的抵制（福布斯，2016 年 8 月 22 日）。因此，对供应商进行社会责任认证成为买方规避供应链上社会责任风险的常见做法（黄伟等，2015），但来自社会责任认证的压力会导致供应商在社会责任实施过程中的机会主义行为（Testa et al.，2014），为了获取来自客户的外部合法性，企业可能只象征性地采用企业社会责任，并不能实质性提升企业的社会责任绩效（Aguinis et al.，2012）。所以，越来越多的研究开始寻求通过企业间社会责任合作的方式来改进企业社会责任绩效。

基于社会交换理论的观点，社会交换建立在双方互惠基础之上，如果交换关系一方向另一方提供帮助、支持，那么另一方也就有了回报的义务（Blau，1967）。这就意味着交换关系存续潜在一个隐含条件，即交换双方通过各自所拥有资源的互换，达到互利的目的，互相依赖交换关系的核心（Lawler et al.，1999）。在供应商—客户关系中，由于客户越来越重视供应链上的社会责任风险因素，供应商不但要向客户提供自身产品或服务，同时还要积极配合客户的社会责任管理政策，才能换取客户长期稳定的订单，进而获取合理利润；另外，如果供应商能够做到 CSR 标准内化，而不仅仅是为了通过客户认证的“表面实施”，就能减少客户的社会责任风险，客户也会投桃报李，给供应商以更多激励。供应商与客户的关系是一种相互依赖的关系，依赖关系的形成为双方的合作奠定了基础（Rhoades et al.，2002）。

社会责任合作被称为是一种“组织间解决社会问题的机制”（Cristina et al.，2015），能够降低双方交换关系的不确定性。现有研究证明，供应链上合作伙伴间的社会责任合作被认为是企业社会责任管理的关键组成部分（Pagell et al.，2009；Vachon et al.，2006b）。企业实施企业社会责任项目，需要有多方的自愿参与，建立一种合作伙伴关系（Partnerships）（赵辉等，2014）。如果供应商和客户关系转变为“猫鼠合作”，客户通过向供应商投入医疗、培训等资源，提供订单奖励等发展与供应商的合作关系，进而加强双方之间的信任，就能减少供应商在社会责任实施中的机会主义行为，促进社会责任在企业内部的贯彻落实。基于以上讨论，本书提出以下假设：

客户与企业社会责任合作正向影响企业社会责任内化（设为 H5a）。

八、企业与客户信任的调节作用

虽然真正的合作被认为是最好改进供应商社会责任管理的有效方法，但实际上合作关系会受制于诸多因素。“人的问题”是成功合作的基础，但难以预测并管理，如文化、信任、改变意愿和合作意愿（Fawcett et al.，2012）。基于交易成本理论，交易主体的有限理性会引发合作风险及机会主义行为。信任能提供稳定的心理预期，从而降低由于彼此间信息不对称所产生的合作风险。供应商与客户越信任，双方机会主义行为发生的可能越小，进而会增强供应商对客户依赖和联合依赖对企业社会责任内化的正向影响，削弱客户对供应商依赖和不对称依赖对企业社会责任内化的负向影响。

在运营实践中，如果客户能够一贯地遵循对企业做出的承诺，客户也愿意对客户做出长期的投资，并愿意与客户分享社会责任管理中遇到的问题，接受客户就企业社会责任管理提出的相关建议，这些因素无疑都会影响到企业与客户依赖关系对企业社会责任内化的影响。基于以上讨论，我们可以得出以下假设：

企业与客户信任正向调节企业对客户依赖和企业与客户社会责任合作关系（设为 H6a）。

企业与客户信任正向调节客户对企业依赖和企业与客户社会责任合作关系（设为 H6b）。

企业与客户信任正向调节联合依赖和客户与企业社会责任合作关系（设为H6c）。

企业与客户信任正向调节依赖不对称和客户与企业社会责任合作关系（设为H6d）。

根据以上研究假设及理论推演，本研究提出以下研究模型，如图4-1所示。

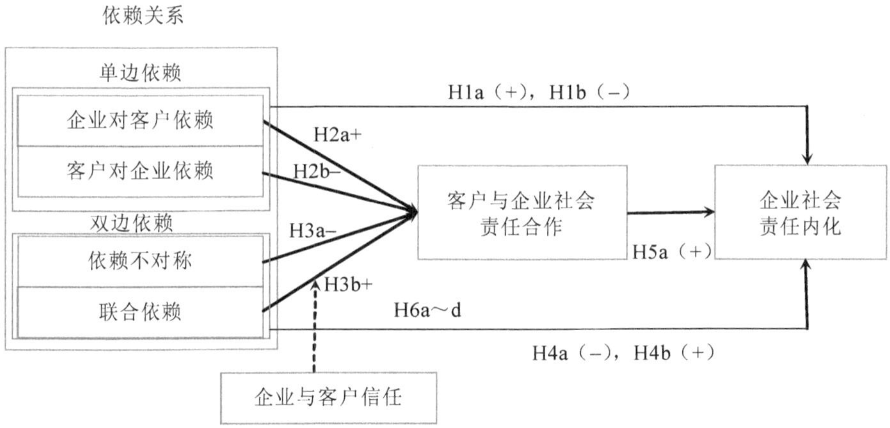

图4-1　理论模型

第三节　数据与研究方法

一、样本和数据来源

本章研究数据所依据样本和数据来源同第三章，已经在上一章第三节中做了详细描述，故本章不再赘述。

二、变量测量

本研究中使用的量表除了供应商社会责任绩效量表，都参照前人研究采用过的、信度和效度有保证的测量指标。为了保证在我国背景下，西方文献中所采用的量表能够有效测量我国问题，在设计问卷过程中，对量表题项进行了并行、双盲的“翻译—回译”程序，以确保概念同一性。研究中所有问卷的测量均采用 5 点计分法，从“1”（强烈反对）到“5”（非常同意）。

（一）自变量

一个成员对另一个成员的依赖程度受到诸多因素的影响（Heide，1988），把其归结为三大因素：第一，交换关系的产出，如一方在与另一方的交换关系中获得的好处越多，那么一方就越是依赖另一方；第二，替代资源的多少和可替代性的强弱，例如一方越是难以找到另一方的替代资源，那么一方对另一方的依赖性就越强；第三，替代成本，一方替代另一方的成本越高，那么一方对另一方的依赖性就越强。本书中企业和客户依赖权力关系量表借鉴了 Ganesan（1994）的研究，反映了上述决定依赖程度的三大基本因素。供应商对客户依赖举例条目为“对于此客户，我们没有一个很好的替代客户”；客户对供应商依赖举例条目为“如果我们停止供货给该客户，该客户将面临严重的缺货风险”。供应商与客户社会责任合作量表借鉴了 Genctürk 等（2007）的研究，反映了供应商和客户之间相互的资源支持，举例条目为“我们的主要客户已投入资源，用于开发我们的社会可持续发展能力”，如帮助建立医院等。

因为本书研究单边依赖是一种相对的依赖关系，所以我们采用 Gulati 等的方法对问卷获取的数据进一步处理，通过不对称的方向来获得相对的企业和客户间的依赖和权力关系：首先通过计算企业对客户依赖与客户对企业依赖之间的差值来衡量企业对客户的相对依赖性。如果企业对客户依赖大于客户对企业依赖，我们随后将客户对企业依赖重新编码为等于差值，否则为 0。类似地，为了计算客户对企业的依赖性，我们首先计算客户对企业依赖与企业对客户依赖差值，如果客户对企业依赖大于企业对客户依赖，将该变量重新编码为等于二者差值，否则为 0。通过该方法处理后，我们的样本包括了 155 个企业对客户依赖二元组，64 个客户对企业依赖二元组，28 个依赖平衡二元组。最后，依赖不对称，我们用企业对客户依赖和客户对企业依赖差值的绝对值，联合依赖变量，用企业对客户依赖和客户对企业依赖的和获得。

（二）因变量

企业社会责任内化量表参考了 Nair 等的研究，反映了企业将企业社会责任（如 SA 8000、ISO 26000、OHAS 18000 等）内化为组织行动，并在组织内部日常运作中贯彻的过程，举例条目为“全体员工都接受社会可持续发展方面的培训”（如卫生和安全隐患）。值得一提的是，因为我们衡量的是企业整体的 CSR 标准内化情况，没有针对某一个具体的标准，所以问卷设计中，我们主要选择列举问询了 SA 8000、ISO 26000、OHAS 18000 几个 CSR 标准。这三个标准框架是在我国实施企业社会责任实践的应用最为广泛的行动指南（Zhu et al.，2016；Zhu et al.，2015）。

（三）控制变量

本研究在分析中控制了可能对企业社会责任绩效产生影响的企业特征，包括企业规模（以销售收入取自然对数）、每年接受社会责任审核的次数和企业社会责任实施经验。理由如下：规模越大的企业越重视社会责任管理（张旭等，2010），这在现有研究中得到了实证检验，此外，我们认为企业每年接受客户或第三方审核公司的次数，以及企业社会责任实施的经验，在应对审核的准备工作中可能会成为企业社会责任内化的因素。

三、信度和效度检验

量表的信度和效度检验是本书在假设模型验证之前的首要工作。内部一致性系数（Cronbach's α）和组合信度系数反映了本书数据的信度。根据信度检验标准，Cronbach's α 系数越接近 1，说明信度越高；同时，组合信度系数大于 0.7，一般被认为可接受。如表 4-3 所示，各研究变量的 Cronbach's α 系数和组合信度系数均达到最低要求，这表明量表具有较好的信度。CFA 方法被用来检验收敛效度和区分效度。一般情况下，如果所有测量题项的标准化负荷系数大于 0.5，并且达到显著水平，同时，潜在变量的平均方差提取量（AVE）大于 0.5，收敛效度就达到要求。如表 4-3 所示，各题项的标准化负荷系数为 0.767～0.945；CR 值均＞3.28，

在 $p<0.001$ 的水平上显著；AVE 值为 0.673 8～0.763 9。各指标都达到显著性水平，所有潜在变量均显示出良好的收敛效度。

表 4-3　信度与收敛效度分析结果

研究变量	观测变量	α 值	因素负荷	S.E.	CR	组合信度系数	AVE
企业对客户依赖	这个客户对本厂的未来绩效至关重要	0.901	0.812			0.928	0.763 9
	对于此客户，我们没有一个很好的替代客户		0.907	0.078	17.659		
	此客户难以被取代		0.945	0.077	18.753		
	如果我们跟此客户的关系中断了，我们将难以维持当前的销售水平		0.825	0.083	15.279		
客户对企业依赖	如果我们停止供货给该客户，该客户将面临严重的缺货风险	0.890	0.88			0.906 4	0.763 6
	对于该客户来说，将订单完全从我们工厂转移到另外一个供货商转换成本将很高（如耗时耗力等）		0.891	0.054	19.062		
	如果我们表现不好，客户也会表现不佳（如销售下降、产品召回等）		0.85	0.059	17.617		
企业与客户信任	该客户通常对我们厂遵守承诺	0.877	0.789			0.894 1	0.679
	每当该客户给我们提出业务运营相关的建议时，我们认为他提供的建议一定是基于他的最佳判断		0.891	0.097	16.312		
	对该客户，我们愿意进行长期投资		0.795	0.093	13.979		
	当我们与该客户分享我们面临的问题（如材料价格等），他会理解并做出积极的响应		0.817	0.099	14.495		
客户与企业社会责任合作	如果我们实行社会可持续发展政策，我们会从该客户得到奖励（如订单保证等）	0.934	0.814			0.891 8	0.673 8
	该客户允许对社会可持续发展的政策开放双向对话，从而建立这方面的共同目标		0.873	0.068	16.514		

研究变量	观测变量	α值	因素负荷	S.E.	CR	组合信度系数	AVE
客户与企业社会责任合作	我们的主要客户已投入资源，用于开发我们的社会可持续发展能力（如帮助建立医院等）		0.767	0.084	13.704	0.891 8	0.673 8
	该客户与我们密切合作，以实行社会可持续发展政策（如人员交流、培训项目等）		0.826	0.068	15.23		
企业社会责任内化	我们会定期进行自我评估，其结果被用于改善我们的管理流程	0.9	0.823			0.900 2	0.693 1
	全体员工都接受社会可持续发展方面的培训（如卫生和安全隐患等）		0.792	0.069	14.414		
	关于社会可持续发展的执行策略和程序，我们有详细的文件记录，并不断更新		0.889	0.068	17.12		
	我们的日常运营和管理严格按照社会可持续发展的要求		0.823	0.064	15.203		

区分效度检验的是潜在变量与其他潜在变量在特质方面的差别程度，AVE 值的平方根是一个常用的衡量指标，当潜在变量的 AVE 值的平方根大于该潜在变量与其他潜在变量的相关系数时，说明潜在变量具有明显的区分效度。如表 4-4 所示，各潜在变量的 AVE 值的平方根（位于表中对角线上的数值）均大于各潜在变量与其他潜在变量的相关系数（位于表中非对角线上的数值），这表明本研究中所有潜在变量区分效度良好。

表 4-4　区分效度分析结果

潜在变量	企业社会责任标准内化				
企业社会责任标准内化	0.693				
企业对客户依赖	0.481**	0.763			
客户对企业依赖	−0.231**	0.273**	0.763		
企业与客户信任	0.385**	0.438**	0.429**	0.679	
客户与企业社会责任合作	0.553**	0.534**	−0.271**	0.558**	0.673

注：**表示在 0.01 水平（双侧）上显著相关；对角线上数值为 AVE 的平方根。

第四节 实证检验与结果分析

为了检验我们的假设，我们采用普通最小二乘进行回归分析。做回归检验前，我们做了 Pearson 相关系数（*r*）分析，以检查变量是否受多重共线性的影响。总体上看，自变量之间的相关系数较低，方差膨胀因子从 1.05 到 1.67，表明多重共线性不是引起本研究关注的因素（任星耀等，2009）。实证检验分以下步骤进行：首先，分析企业与客户依赖关系对企业社会责任内化的直接影响；其次，客户与企业社会责任合作对企业和客户依赖关系与企业社会责任内化关系的影响，即客户与企业社会责任合作的中介作用；最后，考察企业与客户信任对企业和客户依赖关系、客户与企业社会责任合作关系的调节机制。

一、各变量之间的相关及回归分析

相关分析主要显示各个变量的相关系数、均值及方差（表 4-5）。本研究中，将企业规模、企业社会责任年审核次数、企业社会责任实施经验设为控制变量。企业对客户依赖与企业和客户社会责任合作正相关（r=0.23）；客户对企业依赖与企业和客户社会责任合作显著负相关（r=–0.38）；依赖不对称与客户和企业社会责任合作负相关（r=–0.35），联合依赖与企业和客户社会责任合作正相关（r=0.21）；企业和客户社会责任合作与企业社会责任内化正相关（r=0.48）。相关性分析结果为本书进一步论证假设提供了一定的证据。

表 4-5 变量均值、方差和 Pearson 相关系数（*N*=247）

	均值	方差	方差膨胀系数	1	2	3	4	5	6	7	8	9	10
1	6.86	0.53	1.09	1									
2	3.78	0.34	1.5	0.11	1								
3	3.23	0.46	1.23	0.3	0.06	1							
4	0.48	0.11	1.32	0.03	0.02	0.13	1						

	均值	方差	方差膨胀系数	1	2	3	4	5	6	7	8	9	10
5	0.32	0.12	1.14	0.08	0.12	0.03	−0.34	1					
6	1.32	0.36	1.67	0.06	0.14	0.07	−0.52	−0.02	1				
7	6.65	0.98	1.1	0.14	0.17	0.12	−0.01	0.13	−0.21	1			
8	3.57	0.85	1.05	0.17	0.33	0.22	0.23	−0.38	−0.35	0.21	1		
9	3.81	0.79	1.33	0.09	0.21	0.19	0.13	0.28	−0.22	0.31	0.37	1	
10	3.8	0.87	1.16	0.11	0.17	0.07	0.33	0.24	−0.11	0.54	0.48	0.14	1

注：1. 企业规模；2. 企业社会责任年审核次数；3. 企业社会责任实施经验；4. 企业对客户依赖；5. 客户对企业依赖；6. 依赖不对称；7. 联合依赖；8. 客户与企业社会责任合作；9. 企业与客户信任；10. 企业社会责任标准内化。

另外，控制企业规模、企业社会责任年审核次数和企业社会责任实施经验的回归结果也表明（表 4-6）：企业对客户依赖与企业社会责任内化回归系数为$\beta = 0.25$（$p<0.05$），因此企业对客户依赖对企业社会责任内化具有显著正向影响，H1a 得到支持；客户对企业依赖与企业社会责任内化回归系数为$\beta = -0.138$（$p<0.05$），客户对企业依赖对企业社会责任内化具有显著负向影响，H1b 得到支持；企业对客户依赖与企业和客户社会责任合作回归系数为$\beta = 0.149$（$p<0.05$），因此企业对客户依赖对企业和客户社会责任合作具有显著正向影响，H2a 得到支持；客户对企业依赖与企业和客户社会责任合作回归系数为$\beta = -0.22$（$p<0.05$），因此客户对企业依赖对企业和客户社会责任合作具有显著负向影响，H2b 得到支持；依赖不对称和客户与企业社会责任合作的回归系数为$\beta = -0.39$（$p<0.05$），因此依赖不对称对客户与企业社会责任合作具有显著负向影响，H3a 得到支持；联合依赖和客户与企业社会责任合作的回归系数为$\beta = 0.686$（$p<0.01$），因此联合对客户与企业社会责任合作具有显著正向影响，H3b 得到支持；依赖不对称与企业社会责任内化的回归系数为$\beta = -0.24$（$p<0.01$），因此依赖不对称对企业社会责任内化具有显著负向影响，H4a 得到支持；联合依赖与企业社会责任内化的回归系数为$\beta = 0.278$（$p<0.01$），因此联合对企业社会责任内化具有显著正向影响，H4b 得到支持；客户与企业社会责任合作和企业社会责任内化的回归系数为$\beta = 0.475$（$p<0.01$），H5a 得到支持，H5b 没有得到支持。

表 4-6 假设检验回归分析结果

变量	企业与客户社会责任合作					企业社会责任标准内化	
	1	2	3	4	5	1	2
Step1 控制变量							
CSR 标准实施经验	0.031	0.031	0.031	0.031	0.031	0.082	0.017
CSR 标准审核频率	0.105	0.014	0.008	0.014	0.008	0.101	0.021
企业规模	0.027	0.027	0.027	0.027	0.027	0.038	0.046
Step2 主效应							
企业对客户依赖		0.149**					0.25**
客户对企业依赖			–0.22**				
依赖不对称				–0.39**			
联合依赖					0.686**		
Step3 中介效应							
企业与客户社会责任合作							
R^2	0.003	0.263**	0.249**	0.187**	0.176**	0.011	0.012
ΔR^2	0.011	0.265**	0.251**	0.198**	0.187**	0.003	0.026
F 值	0.765	21.85**	20.307**	14.42**	13.44**	0.23	1.849
F 值变化	0.765	125.89**	116.73**	85.09**	79.27**	0.23	18.49**
变量	企业社会责任标准内化						
	3	4	5	6	7	8	9
Step1 控制变量							
CSR 标准实施经验	0.026	0.031	0.031	0.031	0.03	0.031	0.031
CSR 标准审核频率	0.003	0.014	0.008	0.014	0.01	0.014	0.008
企业规模	0.033	0.027	0.027	0.027	0.03	0.027	0.027
Step2 主效应							
企业对客户依赖				0.17**			
客户对企业依赖	–0.138**				0.02		
依赖不对称		–0.24**				–0.032	
联合依赖			0.278**				0.22**

变量	企业与客户社会责任合作					企业社会责任标准内化	
	1	2	3	4	5	1	2
Step3 中介效应							
企业与客户社会责任合作		0.475**		0.43**	0.51**	0.47**	0.45**
R^2	0.07**	0.037**	0.187**	0.328**	0.07	0.326**	0.33**
ΔR^2	0.06**	0.027**	0.175**	0.313**	0.08	0.313**	0.32**
F 值	5.414**	3.232**	14.41**	29.424**	2.41	25.149**	25.97**
F 值变化	22.66**	9.909**	75.24**	162.96**	2.31	85.291	84.67

注：**表示在 0.05 水平（双侧）上显著。

二、企业与客户信任的调节效应检验

为了验证企业与客户信任的调节效应，本研究采用逐步回归的方式对企业与客户信任和企业对客户依赖、企业与客户信任和客户对企业依赖、企业与客户信任和依赖不对称、企业与客户信任和联合依赖的交互效应进行检验。处于减少自变量之间和自变量与交互项之间多重共线性问题对检验结果产生的影响，本研究参照了宋华等（2017）的方法，在测算交互项之前，分别对调节变量和自变量进行了中心化处理，然后，再将二者相乘得到交互项。回归方程的共线性检验结果表明，每个回归模型的方差膨胀系数都不大于 10 这一临界值，这表明回归模型中的检验结果不会受到多重共线性的实质性影响。

由表 4-7 可知，交互项“企业与客户信任×企业对客户依赖”和“客户与企业社会责任合作”显著正相关（γ=0.179，p<0.05），所以企业与客户信任在企业对客户依赖和客户与企业社会责任合作之间起调节作用。即企业与客户相互信任程度越高，企业对客户依赖和客户与企业社会责任合作之间的作用越会得到增强，假设 H6a 得到验证。交互项“企业与客户信任×客户对企业依赖”对“客户与企业社会责任合作”影响显著负相关（γ= 0.228，p<0.01），即企业与客户信任削弱了客户对企业依赖对客户与企业社会责任合作的负向影响，假设 H6b 得到验证。此外，交互项“企业与客户信任×依赖不对称”对“客户与企业社会责任合作”具有显著的负向影响（γ= 0.129，p<0.05），即企业与客户信任削弱了依赖不对称对

客户与企业社会责任合作的负向影响，假设 H6d 得到验证。交互项“企业与客户信任×联合依赖”对“客户与企业社会责任合作”具有显著的正向影响（$\gamma=0.342$，$p<0.01$），说明企业与客户信任对联合依赖和客户与企业社会责任合作之间具有显著的调节作用，假设 H6c 得到验证。

表 4-7 企业与客户信任的调节效应检验的回归分析

变量	客户与企业社会责任合作		
	模型 1	模型 2	模型 3
Step1 控制变量			
CSR 标准实施经验	0.031	0.031	0.031
CSR 标准审核频率	0.105	0.014	0.008
企业规模	0.027	0.027	0.027
Step2 主效应			
企业对客户依赖		0.149**	0.137**
客户对企业依赖		–0.36**	–0.22**
依赖不对称		–0.56***	–0.39***
联合依赖		0.546***	0.686***
企业与客户信任		0.695***	0.695***
Step3 调节效应			
企业与客户信任×企业对客户依赖			0.179**
企业与客户信任×客户对企业依赖			0.228***
企业与客户信任×依赖不对称			0.129**
企业与客户信任×联合依赖			0.342***
R^2	0.24	0.29	0.35
调整 R^2	0.22	0.27	0.31
ΔR^2		0.05**	0.04**

注：**表示在 0.05 水平（双侧）上显著；***表示在 0.01 水平（双侧）上显著。

为了进一步揭示调节效应的具体影响，我们借鉴 Aiken 和 West 等的方法，在调节变量均值基础上加减一个标准差为标准，将企业与客户信任分为高、低两个组，简单估计曲线斜率，并在企业与客户信任（+SD，–SD）的范围内，绘制中心化后的交互效应图，结果如图 4-2 所示。根据图 4-2（a）和图 4-2（d）两个图形中的回归直线斜率关系可知：在企业与客户信任度高的情况下，回归直线更为陡峭，此时企业对客户依赖和联合依赖对客户与企业社会责任合作的影响较强，因此假说 H6a、H6c 得到进一步验证。根据图 4-2（b）和图 4-2（c）两个图形中的回归直线斜率关系可知：在企业与客户信任度高的情况下，回归直线更为平缓，此时客户对企业依赖和依赖不对称对客户与企业社会责任合作的影响较弱，因此假说 H6b、H6d 得到进一步验证。

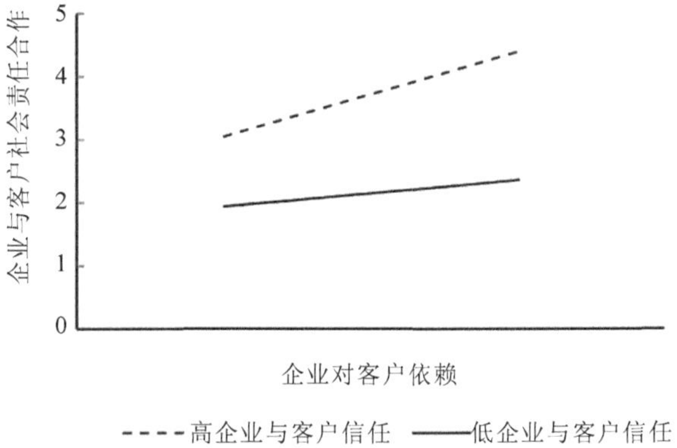

（a）

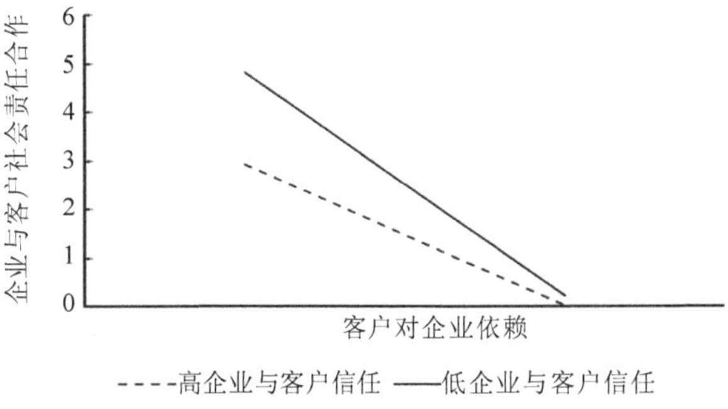

（b）

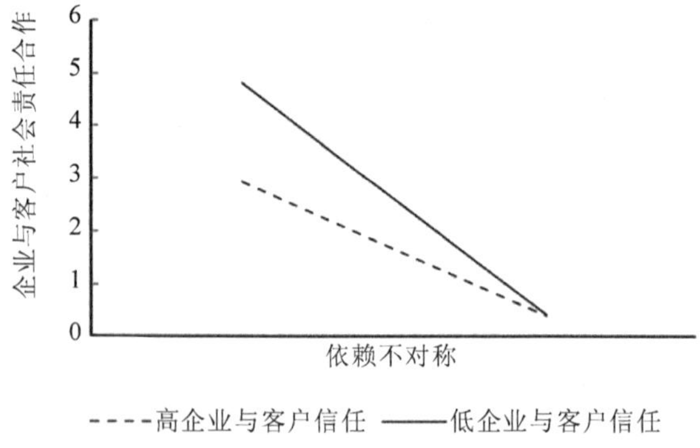

（c）

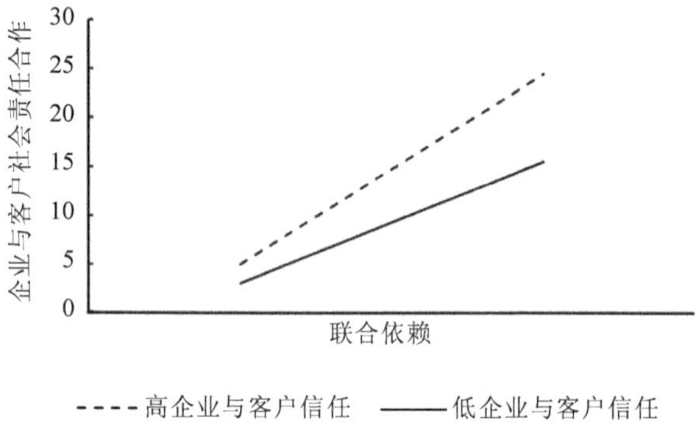

（d）

图 4-2　企业与客户信任的调节效应

三、进一步的中介效应检验

在企业和客户依赖关系不对等情况下，焦点公司依靠其权力来界定其采用何种方式，并对供应链对应方施加影响。虽然这是供应链管理（Hingley，2005）中的一种常见做法，但在供应链的背景下，有证据表明，协作和共享方法是促进社会责任发展的有力工具（Gimenez et al.，2013；Vurro et al.，2009），这就要求以实施合作方式来平衡传统的以权力为基础的方法。此外，客户与企业之间关系的深度和质量被广泛认为是供应商社会责任管理的重要推动者（Brammer et al.，2011），该领域的许多作者认为，客户与企业社会责任合作在实现社会责任管理目标方面可能会更有成效。因此，本书也试图进一步澄清客户与企业社会责任合作在依赖与企业社会责任内化之间是否起到一定程度的中介作用。

根据 Baron 和 Kenny（1986）所提出的观点，倘若一个变量具有中介作用，其必须满足以下几个条件：①自变量显著影响了因变量；②自变量显著影响中介变量；③中介变量显著影响因变量；④当把自变量与中介变量一起做回归的时候，中介变量具有显著的影响效应，同时自变量不再具有影响效应，这时候是完全中介（如果自变量的效应没有消失而是减弱，则是部分中介）。本书采用层次回归（Hierarchical Regression Modeling，HRM）方法验证企业和客户社会责任合作的中介作用。如表 4-5 所示，企业对客户依赖与企业社会责任内化之间显著正相关（$\beta=0.25$，$p<0.05$），企业对客户依赖与企业和客户社会责任合作之间显著相关（$\beta=0.149$，$p<0.05$），企业和客户社会责任合作与企业社会责任内化之间显著相关（$\beta=0.475$，$p<0.01$）。在加入中介变量（企业和客户社会责任合作）后，企业对客户依赖对企业社会责任内化的影响明显变小（$\beta=0.17$），同时，企业和客户社会责任合作对企业社会责任内化有显著的正向影响（$\beta=0.43$，$p<0.01$）。因此，企业和客户社会责任合作在企业对客户依赖和企业社会责任内化之间起部分中介作用；客户对企业依赖与企业社会责任内化之间显著负相关（$\beta=-0.138$，$p<0.05$），客户对企业依赖与企业和客户社会责任合作之间显著负相关（$\beta=-0.22$，$p<0.05$），企业和客户社会责任合作与企业社会责任内化之间显著正相关（$\beta=0.475$，$p<0.01$），企业和客户社会责任合作不满足作为客户对企业依赖影响企业社会责任内化的中介条件；依赖不对称对企业社会责任内化具有显著负向影响（$\beta=-0.24$，$p<0.05$），对客户与企业社会责任合作具有显著负向影响（$\beta=-0.39$，$p<0.01$），而企业和客户社会责任合作与企业社会责任内化之间显著正相关（$\beta=0.475$，$p<0.01$），企业和客户社会责任合作不满足作为依赖不对称影响企业社会责任内化的中介条件；联合依赖与企业社会责任内化之间显著正相关（$\beta=0.278$，$p<0.01$），联合依赖与企业和客户社会责任合作之间显著相关（$\beta=0.686$，$p<0.01$），企业和客户社会责任合作与企业社会责任内化之间显著相关（$\beta=0.475$，$p<0.01$），在加入中介变量（企业和客户社会责任合作）后，联合依赖对企业社会责任内化的影响明显变小（$\beta=0.22$），因此，企业和客户社会责任合作在联合依赖和企业社会责任内化之间起部分中介作用。这一结果说明与企业的合作是改进供应链上企业社会责任的关键组

成部分，客户与企业之间的依赖关系转化为社会责任合作后在实现企业社会责任内化方面会更有成效。

第五节　小结与评论

一、研究结论

企业社会责任内化方面的实证研究十分匮乏，更鲜有人把企业社会责任的应用放在供应链环境下，探讨企业和客户的依赖和权力关系对企业社会责任内化的影响。如前文所述传统的依赖和权力关系相关研究中，无论是研究联合依赖、依赖不对称，都有其固有的弊端。本研究的理论意义在于，基于资源依赖理论，把企业间的依赖和权力关系划分为四个维度：企业对客户依赖、客户对企业依赖、联合依赖、依赖不对称，并就这四个维度对企业社会责任内化的影响机制进行了理论探讨和实证分析，在一定程度上可以丰富企业间关系和社会责任管理领域的理论研究。

我们基于相关理论，分析企业和客户依赖关系对企业社会责任标注内化的影响机制，并提出 6 组假说。基于 247 份企业样本的实证检验结果见表 4-8。综合本研究的结论，我们认为本研究对企业管理者如何认识到并管理与合作伙伴的依赖和权力关系改进企业的社会责任管理有一定的启示。

表 4-8　假说检验结果

假说	具体内容	检验结果
H1a	企业对客户依赖正向影响企业社会责任内化	支持
H1b	客户对企业依赖负向影响企业社会责任内化	支持
H2a	企业对客户依赖正向影响客户与企业社会责任合作	支持
H2b	客户对企业依赖负向影响客户与企业社会责任合作	支持
H3a	依赖不对称负向影响客户与企业社会责任合作	支持
H3b	联合依赖正向影响客户与企业社会责任合作	支持
H4a	依赖不对称负向影响企业社会责任内化	支持

假说	具体内容	检验结果
H4b	联合依赖正向影响企业社会责任内化	支持
H5a	客户与企业社会责任合作正向影响企业社会责任内化	支持
H6a	企业与客户信任正向调节企业对客户依赖和企业与客户社会责任合作关系	支持
H6b	企业与客户信任正向调节客户对企业依赖和企业与客户社会责任合作客户及企业社会责任合作关系	支持
H6c	企业与客户信任正向调节联合依赖和企业与客户社会责任合作客户及企业社会责任合作关系	支持
H6d	企业与客户信任负向调节依赖不对称和企业与客户社会责任合作客户及企业社会责任合作关系	支持

二、实践启示

首先，对于作为客户方的企业来说，对供应商的社会责任管理不仅要充分利用供应商对自身的依赖所产生的权力优势强化供应链上的社会责任管理，同时也要重视权力压力的转换路径，即要“大棒加胡萝卜”相结合，运用权力的同时，加强与供应商的社会责任合作，寻求更广泛的共同利益，引导供应商的社会责任实践。对于作为供应商的企业来说，依靠客户对自身的依赖所带来的权力优势似乎是企业对抗供应链社会责任规制压力的常见做法，但是这种做法不利于企业的社会责任管理，企业要从战略上认识到社会责任是企业应当自觉履行的义务，有助于企业可持续发展。企业和客户是利益共同体，只顾眼前成本削减而忽略了社会责任问题带来的经营风险，不仅会让客户受损，也会危及自身。

其次，依赖不对称不利于双方的社会责任合作和企业社会责任内化，这一点看似是和结论中 H1a 的验证结果相冲突。但我们应当认识到尽管企业对客户依赖这种不对称能够促进企业社会责任内化，但是这种依赖地位不是静态的。在依赖关系中，处于劣势地位的一方必然会想方设法减少自身对对方的依赖，提升自己的权力地位。所以，长期来看，对于企业和客户来讲，双方应该寻求一种平衡的依赖关系，才能维持长期稳定的合作关系，共同改进企业社会责任问题。权力优势方应该认识到滥用权力带来的不利后果，如沃尔玛曾借人民币贬值施压供应商降价，这种将成本转嫁给供应商的行为遭到供应商的联合抵制（黄荣，2015）。权力劣势方应该通过诸如寻找替代伙伴等方式提升自身权力地位。

再次，联合依赖反映的是双方依赖关系的内聚力，这种凝聚力可以使双方拧成一股绳，就企业内部业务流程的改善达成一致目标。在相对平衡的基础上，企业可以通过战略合作、长期合同等方式加强双方的联合依赖程度，进而加强供应链伙伴间社会责任合作，最终以达到把企业社会责任人标准内化到企业运营实践的目的。

最后，企业和客户的信任能够增强企业与客户依赖和权力关系对企业社会责任合作的影响，信任是合作伙伴间合作的重要基础，能够减少双方的机会主义行为。对于管理者来讲，如何增强双方的相互信任也是一个值得重视的问题。

三、研究局限与展望

（一）研究局限

本研究从多个维度对企业与客户依赖和权力关系如何影响客户与企业社会责任合作进行了研究，并进而探讨了影响企业社会责任内化的内在机制，尽管这一研究一定程度上丰富了社会责任管理理论，并获得了一些对企业社会责任管理实践可能会有所裨益的结论，但依然存在以下不足。

首先，本研究中的样本数据虽然来自多个不同的行业，但毕竟不能涵盖所有行业类型，而不同行业的社会责任管理也会存在差异性。

其次，供应商和客户合作是一种二元关系，也就是供应商和客户的双边关系，但是我们的实证数据只是基于供应商角度对双方合作关系的评价。

最后，由于受资源约束，本研究采用的是问卷收集的截面数据，不能反映企业和客户依赖和权力关系的动态特征。

（二）研究展望

本章的研究结论和研究不足，为我们未来的研究指明了方向，可以考虑从以下两个方面展开。

第一，本章研究讨论了不同的依赖结构特征对企业与客户社会责任合作和企业社会责任内化的影响。但是我们知道，在社会经济环境快速变化的动态环境下，供应链伙伴间的权力结构也是不断发生动态演变的，接下来的研究可以就哪些因素会影响到企业与客户依赖结构变动，以及依赖结构变化会对企业运营产生什么影响展开。

第二，针对以上研究所存在的不足，未来在数据可获得的情况下，我们可以从行业、时间方面做出多维度的对比研究，以期更深入、全面地了解企业社会责任解耦现状及其对经济绩效的影响，以及其影响机制中所存在的情境因素。

第五章　总结、政策建议及研究展望

第一节　主要结论

本书对我国企业在企业社会责任履行过程中解耦程度对企业经济绩效的影响及企业社会责任内化的影响因素进行了实证检验，研究发现企业社会责任解耦对企业的长期经济绩效具有不利影响。企业社会责任内化影响因素中，源自企业内部的社会责任认知拉力、外部客户与企业社会责任合作的推力二者共同作用于企业社会责任内化实践。并且，提升企业社会责任绩效的因素中，企业的社会责任内化扮演了关键角色，在企业社会责任认知、客户与企业社会责任合作与企业社会责任绩效关系中具有完全中介效应。因为客户与企业社会责任合作对企业社会责任内化的影响明显大于企业社会责任认知，所以我们进一步考察了供应链背景下，企业与客户的依赖关系对客户与企业社会责任合作和企业社会责任内化的作用机制。这使我们对当前我国企业社会责任内化行为的动因有一个更为全面的了解。这些研究对我们从政策上进一步引导企业把社会责任落实到企业日常运营活动中去，从根本上缓解现实问题具有较强的理论和现实意义。

第一，本书构建了理论分析模型，讨论了企业社会责任解耦对企业经济绩效的影响，并整合了2016—2017年润灵环球社会责任报告评级指数和企业社会责任能力成熟度指数两份数据，识别了企业社会责任解耦程度差异，对理论模型进行了实证检验。实证结果发现：①企业对外披露的社会责任信息和企业内部实质性社会责任行动总体上呈现出不一致，存在社会责任解耦的事实；②企业社会责任解耦对短期经济绩效具有正向影响，但对企业长期经济绩效具有负向的影响作用；③政府监管（企业社会责任违规披露）削弱了企业社会责任解耦对企业短期经济绩效的正向影响，同时加剧了企业社会责任解耦对企业长期经济绩效的负向影响。这些发现说明，企业社会责任解耦短期企业资源配置效率的提高，是以企业长期经济利益的削弱为代价的。本研究对重塑企业社会责任价值观具有重要的理论意义。

第二，本书基于社会认知理论和社会交换理论，提出了企业社会责任认知和客户与企业社会责任合作影响企业社会责任内化及企业社会责任绩效的理论模型，并基于 247 家我国企业的数据展开实证分析。实证结果发现：①企业社会责任认知和客户与企业社会责任合作均对企业社会责任内化具有显著的正向影响，企业社会责任内化作用于企业社会责任绩效，客户与企业社会责任合作对企业社会责任内化的影响作用要明显大于企业内部社会责任认知；②企业社会责任认知和客户与企业社会责任合作具有互斥效应，其协同作用负向影响了企业社会责任内化。这些发现表明，来自企业内部的社会责任认知拉力和来自外部的客户与企业社会责任合作推力，这两个因素之间的作用机制值得进一步探索。在供应链环境下，企业与客户关系对于企业社会责任内化的影响越发重要。因此，我们接下来进一步探索了企业与客户依赖（权力）关系对企业社会责任内化的影响。

第三，本书基于资源依赖理论讨论了在供应链背景下，企业与客户依赖关系对企业社会责任内化的影响。实证结果发现：①企业对客户依赖和企业与客户的联合依赖对企业社会责任内化具有显著的正向影响，客户与企业社会责任合作在其影响关系中具有中介效应；②而客户对企业依赖和企业与客户依赖程度不均衡显著负向影响企业社会责任内化。并且，企业与客户信任程度强化了企业对客户依赖和企业与客户的联合依赖对企业社会责任内化的正向影响，削弱了客户对企业依赖和企业与客户依赖程度不均衡对企业社会责任内化的负向影响。

第二节　政策建议

在我国经济深化供给侧结构性改革的关键时期，企业如何形成可持续的发展方式，践行社会责任成为一个亟待解决的问题。在企业践行社会责任的过程中，“表里不一”的解耦现象值得关注。本书主要研究了我国企业的社会责任解耦现状及其对企业经济绩效的影响，并进一步探讨了供应链背景下我国企业社会责任内化实践背后可能的影响因素，从而使我们对当前我国企业社会责任践行有一个更全面的了解。基于以上分析结论，文书依次从提升企业社会责任违规披露监管水平、加强企业社会责任认知拉力和客户与企业社会责任合作推力、构建合理的企业与客户依赖结构等方面提出建议，以期为改善我国企业社会责任履行水平建言献策。

第一，正视企业社会责任解耦现象，客观披露企业社会责任信息，积极履践社会责任。本书从第二章的分析中可以发现，我国企业存在企业社会责任解耦的事实证据，企业在社会责任履践过程中存在对外展示的社会责任形象和实际履行情况脱钩的现象。所以，我们不仅要看企业说了什么，更要看其做了什么，洞察企业社会责任履践本质，以免被企业披露的社会责任信息误导。

第二，强化企业社会责任战略意识，关注企业长期可持续发展。本书第二章实证结果发现企业社会责任解耦尽管对企业短期经济绩效具有提升作用，但是却给企业的长期经济绩效带来了负面影响。对于有远见、有战略观和大局观、有志于可持续发展的企业来讲，长期经济绩效的提升无疑比眼前的“蝇头小利”更重要。这一发现提醒企业应该对自身“言行不一”、夸大企业社会责任表现的解耦行为进行再思考。一方面，企业在披露社会责任信息时，要做到客观真实，降低企业社会责任解耦程度；另一方面，企业也要认识到企业履行社会责任不仅仅是向公众提供“高质量”的社会责任报告，更要把企业社会责任深入贯彻到企业实际行动中去。只有企业切实提升社会责任绩效，企业社会责任违规行为才会减少，企业价值才能得到提升。

第三，充分发挥政府监管职能，加强对企业社会责任违规披露。本书第二章实证结果发现在政府监管（企业社会责任违规披露）水平高的情况下，企业社会责任解耦会削弱企业短期经济利益的正向影响，而企业社会责任解耦强化企业长期经济利益的负向影响。这充分说明政府对企业履责行为进行监管的合理性。政府应当充分发挥自身监管职能，公开披露企业社会责任违规信息，以此增加企业社会责任违规成本，减少企业对解耦行为的经济利益期望。

第四，企业内部要“晓之以理，喻之以利”，强化企业社会责任积极认知，企业外部要积极与合作伙伴展开社会责任合作，“双管齐下”，积极推进企业社会责任内化实践。本书第三章实证结果发现，企业社会责任认知和客户与企业社会责任合作对于企业社会责任内化有着积极作用，并且后者作用更大。所以，一方面，企业内部可以通过培训及文化建设等方式强化企业对履行社会责任重要性的认识；另一方面，企业和客户双方要努力寻求更广泛的共同利益，深化社会责任合作。对于客户来讲，也要转变思维。

本书第三章实证结果还发现，企业社会责任内化完全中介了企业社会责任认知和客户与企业社会责任合作对企业社会责任绩效的正向影响。这说明社会责任履行过程中，内化是关键，正如马克思所说“一个行动胜过一打纲领”，再积极的认知和合作，都只有转化为实际行动，把社会责任内化到企业日常运营活动中去，才能够切实提高企业社会责任绩效。

此外，在第三章的研究中，理论上，企业社会责任认知和企业与客户社会责任合作具有互补效应，能够共同对企业社会责任标准内化产生正向影响。然而，我们的实证发现了相悖的结果，我们尝试从不同的理论逻辑对此进行了分析。可能原因为高社会责任认知情况下，意味着企业对社会责任价值的需要，企业具有很强的内部自我驱动力，推动企业社会责任内化，站在企业与客户双方博弈的角度讲，如果客户意识到企业这种强烈的内驱力，互动的主导权就掌握在了客户手中，客户会认为即使在合作中不投入资源，企业一样会自觉履行社会责任。所以，在企业与客户社会责任认知程度高的情况下，客户与企业社会责任合作对企业社会责任内化的正向影响会减弱。此外，合作关系一旦建立，客户投入了资源，这些资源就成为企业的既得利益，根据边际效用递减的规律，认知对内化的影响作用也会变弱。这提醒我们，在企业实践中，一方面，客户在与企业的合作中要通过增强相互依赖、信任等深化合作，减少合作主体的机会主义行为。另一方面，对于履行社会责任给企业带来的利益也要有一个合理的预期，要深刻理解“既以为人，己愈有；既以与人，己愈多”的思想内涵，认识到社会责任履行能够实现客户和自身的双赢。

第五，供应链上合作伙伴间适度合理的依赖关系是促进企业高效运营的“润滑剂”，企业和客户双方应该加强相互依赖关系管理，把依赖关系转化为促进企业社会责任内化的催化剂，而不是绊脚石。本书第四章研究结果发现，在企业对客户依赖情况下，企业社会责任内化实践更好，来自供应链的客户压力依然是推动企业社会责任内化的重要动因。因此，对于作为客户方的企业来说，对供应商的社会责任管理可以充分利用供应商对自身的依赖所产生的权力优势强化供应链上的社会责任管理。对于作为供应商的企业来说，依靠客户对自身的依赖所带来的权力优势似乎是企业对抗供应链社会责任规制压力的常见做法，但是这种做法不利于企业的社会责任管理，企业要从战略上认识到社会责任是企业应当自觉履行的义务，有助于企业可持续发展。

本书第四章实证结果还显示，依赖不对称不利于双方的企业社会责任合作和企业社会责任内化。从长期来看，对于供应商和客户来讲，双方只有寻求一种平衡的依赖关系，才能维持长期稳定的合作关系，共同改进企业社会责任问题。同时也要重视权力压力的转换路径，运用权力的同时加强与供应商的社会责任合作，寻求更广泛的共同利益，引导供应商实践社会责任。

实证结果显示联合依赖对内化有正向影响。联合依赖反映的是双方依赖关系的凝聚力，这种凝聚力可以使双方拧成一股绳，就企业内部业务流程的改善达成一致目标。在相对平衡的基础上，企业可以通过战略合作、长期合同等方式加强双方的联合依赖程度，进而加强供应链伙伴间社会责任合作，最终以达到把企业社会责任内化到企业运营实践的目的。

实证结果也证实了信任的正向调节作用。说明企业和客户的信任能够增强企业与客户依赖和权力关系对企业社会责任合作的影响，信任是合作伙伴间合作的重要基础，能够减少双方的机会主义行为。对于管理者来讲，如何增强双方的相互信任也是一个值得重视的问题。

第三节 研究不足与未来研究方向

作为对我国企业社会责任履践的一项探索性研究，本书对企业社会责任解耦的经济后果和企业社会责任内化的影响因素及其影响机制进行了深入探索，尽管对企业社会责任管理理论进行了一定的丰富并得到了一些对企业社会责任管理实践有参考价值的结论，但本书不可避免存在一些局限和不足，正确认识这些局限和不足有助于我们的研究在未来得到进一步的完善和改进。

（一）研究不足

第一，由于数据的可获得性，本书第二章研究样本是沪深上市公司中披露社会责任报告的公司；由于样本量的局限，可能会影响研究结论的普遍意义。同时，尽管这一数据源已经在多项研究被应用，其可靠性也得到证实，但是对于数据获取的流程、方法我们无从知晓，并且我们也未能获取第三方公司在数据具体变量测度方面更详细的数据，这可能会影响到研究结论的可靠性。

第二，本书主要变量，诸如企业对客户依赖、客户对企业依赖、企业和客户合作等都是一种二元关系，也就是企业和客户的双边关系，但是我们的实证数据只是基于企业作为供应商角度对双方合作关系的评价，这可能会成为影响我们实证结果可靠性的一个不利因素。

第三，由于数据收集能力有限，本书第三章和第四章研究采用问卷调研方法获得数据，该样本数据虽然来自多个不同的行业，但毕竟不能涵盖所有行业类型，而不同行业的社会责任管理也会存在差异性，并且该样本数据是一次性收集，不能反映测量变量在时间维度上不同时间区间的不同特征。

（二）未来研究展望

基于本章研究结论和研究不足，未来的研究，可以考虑从以下几个方面展开。

第一，在理论上企业社会责任认知和企业与客户社会责任合作具有协同效应，能够共同对企业社会责任内化产生正向影响。然而，我们的实证发现了相悖的结果，可能的原因为：高社会责任认知，站在双方博弈的角度讲，意味着企业对社会责任价值的需要，如果客户意识到企业这种需要，相当于在赌局中直接亮出了底牌，客户知道企业的底牌，企业处于劣势，互动的主导权就掌握在了客户手中，从而会减少合作中的资源投入。而合作关系一旦建立，客户投入了资源，这些资源就成为企业的既得利益，根据边际效用递减的规律，认知对内化的影响作用也会变弱。这一结果的发现对于未来如何采用不同的理论视角深化对内化问题的研究具有重要的启示。

第二，本章研究讨论了不同的依赖结构特征对企业与客户社会责任合作和企业社会责任内化的影响。但是，我们知道，在社会经济环境快速变化的动态环境下，供应链伙伴间的权力结构也是不断发生动态演变的，接下来的研究可以就哪些因素会影响到企业与客户依赖结构变动，以及依赖结构变化会对企业运营产生什么影响展开。

第三，未来研究可以通过在行业分布和时间跨度上更广泛的数据源对企业社会责任报告披露评价指数不同维度对企业社会责任不同维度的影响做进一步深入的探讨。

第四，针对以上研究所存在的不足，未来在数据可获得情况下，我们可以从行业、时间方面做出多维度的对比研究，以期更深入、全面地探讨企业社会责任解耦现状及其对经济绩效的影响和企业社会责任内化的影响因素。

参考文献

蔡志岳，吴世农，2007. 董事会特征影响上市公司违规行为的实证研究[J]. 南开管理评论，(6)：62-68.

曹兴，张伟，李笑冬，等，2016. 尽责管理下跨国供应链企业社会责任对财务绩效影响的实证研究[J]. 系统工程，(10)：68-75.

车笑竹，苏勇，2018. 企业违规对社会责任报告及其价值效应的影响[J]. 经济管理，40 (10)：58-74.

陈耿宣，汤思禹，2016. 企业内部治理与社会责任的关联研究——来自高管薪酬，股权结构实证经验[J]. 人文杂志，(12)：32-41.

陈国进，林辉，王磊，2005. 公司治理，声誉机制和上市公司违法违规行为分析[J]. 南开管理评论，8 (6)：35-40.

陈劲，吴波，2012. 开放式创新下企业开放度与外部关键资源获取[J]. 科研管理，33 (9)：10-21，106.

陈琳，李玉刚，2015. 组织合法性中解耦问题研究综述[J]. 科技进步与对策，(14)：156-160.

崔蓓，王玉霞，2017. 供应网络联系强度与风险分担：依赖不对称的调节作用[J]. 管理世界，(4)：106-118.

刁宇凡，谭凌波，2013. SA8000标准对我国纺织服装业国际竞争优势的冲击——基于浙江纺织服装业的调查[J]. 中国标准化，(6)：82-85.

刁宇凡，2013. 企业社会责任标准的形成机理研究——基于综合社会契约视阈[J]. 管理世界，(7)：180-181.

费显政，李陈微，周舒华，2010. 一损俱损还是因祸得福？——企业社会责任声誉溢出效应研究[J]. 管理世界，(4)：74-82，98.

高勇强，陈亚静，张云均，2012. “红领巾”还是“绿领巾”：民营企业慈善捐赠动机研究[J]. 管理世界，（8）：106-114，146.

葛岩，2013. 法学研究与认知-行为科学[J]. 上海交通大学学报（哲学社会科学版），21（4）：18-33.

何显富，陈宇，张微微，2011. 企业履行对员工的社会责任影响员工组织公民行为的实证研究——基于社会交换理论的分析[J]. 社会科学研究，（5）：115-119.

华忆昕，2018. 企业社会责任的责任性质与立法选择[J]. 南京师大学报（社会科学版），220（6）：111-119.

黄荷暑，周泽将，2017. 企业社会责任、信息透明度与信贷资金配置[J]. 中南财经政法大学学报，（2）：87-97.

黄伟，陈钊，2015. 外资进入、供应链压力与中国企业社会责任[J]. 管理世界，（2）：91-100，132.

贾燕，2009. 我国农业产业化生产经营模式研究[D]. 重庆：重庆大学.

鞠芳辉，谢子远，黄文军，2014. 慈善抑或伪善：公众对污点企业社会责任活动的感知与评价[J]. 财经论丛，（10）：68-75.

李文茜，刘益，2017. 技术创新、企业社会责任与企业竞争力——基于上市公司数据的实证分析[J]. 科学学与科学技术管理，38（1）：154-165.

李瑜，李梦，2018. 西部中小企业社会责任与财务绩效关系的实证研究[J]. 西藏大学学报（社会科学版），33（4）：118-123，151.

李金华，黄光于，2019. 供应链社会责任治理机制、企业社会责任与合作伙伴关系[J]. 管理评论，31（10）：242-254.

刘小平，2011. 员工组织承诺的形成过程：内部机制和外部影响——基于社会交换理论的实证研究[J]. 管理世界，（11）：92-104.

陆瑶，李茶，2016. CEO 对董事会的影响力与上市公司违规犯罪[J]. 金融研究，（1）：176-191.

路军，2015. 女性高管抑制上市公司违规了吗？——来自中国资本市场的经验证据[J]. 中国经济问题，（5）：66-81.

罗正英，周中胜，詹乾隆，2010. 中小企业的银行信贷融资可获性：企业家异质特征与金融市场化程度的影响[J]. 会计研究，（6）：44-50.

吕文晶，陈劲，汪欢吉，2017. 组织间依赖研究述评与展望[J]. 外国经济与管理，39（2）：72-85.

李国平，韦晓茜，2014. 企业社会责任内涵、度量与经济后果——基于国外企业社会责任理论的研究综述[J]. 会计研究，（8）：33-40.

潘少华. 2016 中国最佳声誉社会责任百强企业研究报告风起云涌的 CSR 大潮——探寻企业的发

展意识与功力[J]. 清华管理评论，2017（4）：27-43.

平新乔，杨慕云，2009. 信贷市场信息不对称的实证研究——来自中国国有商业银行的证据[J]. 金融研究，（3）：1-18.

齐丽云，李腾飞，尚可，2017. 企业社会责任的维度厘定与量表开发——基于中国企业的实证研究[J]. 管理评论，29（5）：143-152.

秦宛顺，江若玫，2007. 企业与利益相关者的交换、依存与合作[J]. 社会科学研究，（2）：20-26.

任星耀，廖隽安，钱丽萍，2009. 相互依赖不对称总是降低关系质量吗？[J]. 管理世界，（12）：92-105.

任旭，刘延平，2009. 基于资源依赖观点的企业战略联盟演变机理研究[J]. 北京交通大学学报（社会科学版），8（13）：134-136.

寿志钢，王进，汪涛，2018. 企业边界人员的私人关系与企业间机会主义行为——双刃剑效应的作用机制及其边界条件[J]. 管理世界，（4）：162-175.

宋华，卢强，2017. 什么样的中小企业能够从供应链金融中获益？——基于网络和能力的视角[J]. 管理世界，（6）：104-121.

宋岩，滕萍萍，秦昌才，2017. 企业社会责任与盈余管理：基于中国沪深股市 A 股制造业上市公司的实证研究[J]. 中国管理科学，25（5）：187-196.

田利辉，王可第，2017. 社会责任信息披露的“掩饰效应”和上市公司崩盘风险——来自中国股票市场的 DID-PSM 分析[J]. 管理世界，（11）：146-157.

田媛，2017. 国内外企业社会责任信息披露的研究现状与分析——基于制度同形理论[J]. 中国市场，（24）：158-158，161.

万寿义，刘正阳，2013. 制度背景、公司价值与社会责任成本——来自沪深 300 指数上市公司的经验证据[J]. 南开管理评论，16（1）：83-91.

王崇，2013. 脱耦与耦合：草根非营利组织生存逻辑反思[J]. 郑州轻工业学院学报（社会科学版），14（3）：65-69.

王娟，2015. 基于交易费用理论的团体标准形成机制研究[J]. 标准科学，（7）：28-32.

王沛，林崇德，2003. 社会认知研究的基本趋向[J]. 心理科学，26（3）：536-537.

温素彬，李慧，焦然，2018. 企业文化、利益相关者认知与财务绩效——多元资本共生的分析视角[J]. 中国软科学，（4）：113-122.

温忠麟，张雷，侯杰泰，等，2004. 中介效应检验程序及其应用[J]. 心理学报，36（5）：614-620.

项国鹏，2007. 公司战略变革的权力与文化阻力及其克服[J]. 经济管理，（3）：41-44.
肖红军，胡叶琳，许英杰，2015. 企业社会责任能力成熟度评价——以中国上市公司为例[J]. 经济管理，（2）：178-188.
许晟，余明阳，薛可，等，2016. 中小家族企业社会责任认知与实践的实证研究[J]. 管理学报，13（12）：1859-1865.
许英杰，2018. 治理机制对企业社会责任能力成熟度影响的实证研究[J]. 经济体制改革，（4）：124-131.
薛天山，2015. 民营企业高层管理者的社会责任态度及其影响因素研究[J]. 华东经济管理，（3）：41-45.
衣凤鹏，徐二明，2014. 高管政治关联与企业社会责任——基于中国上市公司的实证分析[J]. 经济与管理研究，（5）：5-13.
阳镇，许英杰，2018. 平台经济背景下企业社会责任的治理[J]. 企业经济，37（5）：80-88.
仰海锐，皮建才，2018. 企业社会责任标准可以促进企业社会责任行为吗？——基于 A 股上市公司数据的分析[J]. 现代经济探讨，（4）：61-71.
于梦璇，田天，郑克芳，等，2016. 蓝色贸易壁垒动因、运行及解决机制分析[J]. 对外经贸，（6）：7-11.
张焕，2018. 管理者企业社会责任动机如何影响其行为[J]. 经济论坛，（9）：41-47.
张强，李晓彤，2018. 网络嵌入对制造业企业品牌价值影响机理与作用边界的整合[J]. 北京理工大学学报（社会科学版），20（3）：90-97.
张强，2018. 网络嵌入、社会责任与品牌价值——基于制造业企业经验数据的实证研究[J]. 山东社会科学，275（7）：160-166.
张旭，宋超，孙亚玲，2010. 企业社会责任与竞争力关系的实证分析[J]. 科研管理，31（3）：149-157.
张玉爽，2011. 企业家社会责任认知、企业社会责任行为与企业绩效的关系研究[D]. 吉林大学.
张兆国，靳小翠，李庚秦，2013. 企业社会责任与财务绩效之间交互跨期影响实证研究[J]. 会计研究，（8）：32-39.
张思雪，林汉川，2018. 创新、社会责任与产品海外形象——来自世界新兴市场的经验证据[J]. 科研管理，（12）：69-77.
赵辉，田志龙，2014. 伙伴关系、结构嵌入与绩效：对公益性 CSR 项目实施的多案例研究[J]. 管理世界，（6）：142-156.

赵天骄，2018. 企业社会责任对资本配置效率的动态影响效应——基于公司治理视角的实证研究[J]. 山西财经大学学报，40（11）：66-80.

郑培培，任春艳，郭兰，2017. 社会责任信息披露、媒体报道与个体投资者的投资决策——一项实验证据[J]. 经济管理，（4）：39-52.

朱庆华，邓玉琴，2010. 基于产业集聚的化工行业绿色供应链管理模式研究[J]. 环境污染与防治，32（1）：85-87.

朱慧明，王向爱，贾向华，2019. 社会责任和研发投入对企业绩效影响的分位关系研究[J]. 湖南大学学报（社会科学版），（5）：47-55.

Aguinis H，Glavas A，2012. What we know and don’t know about corporate social responsibility：a review and research agenda[J]. Journal of Management，38（4）：932-968.

Ahn S Y，Park D J，2018. Corporate social responsibility and corporate longevity：the mediating role of social capital and moral legitimacy in Korea[J]. Journal of Business Ethics，150（1）：117-134.

Albuquerque P，Bronnenberg B J，Corbett C J，2007. A spatiotemporal analysis of the global diffusion of ISO 9000 and ISO 14000 certification[J]. Management Science，53（3）：451-468.

Ali Diabat，Kannan Govindan，Vinay V Panicker，2012. Supply chain risk management and its mitigation in a food industry[J]. International Journal of Production Research，50（11）：3039-3050.

Allen N Berger，Gregory F U，2002. Small business credit availability and relationship lending：the importance of bank organizational structure [J]. Economic Journal，112（477）：32-53.

Anand Nair，Daniel Prajogo，2009. Internalisation of ISO 9000 standards：the antecedent role of functionalist and institutionalist drivers and performance implications[J]. International Journal of Production Research，47（16）：4545-4568.

Andersen M，Skjoett-Larsen T，2011. Corporate social responsibility in global supply chains[J]. Indian Journal of Industrial Relations，46（4）：637-649.

Aupperle K E，Carroll A B，Hatfield J D，1985. An empirical examination of the relationship between corporate social responsibility and profitability[J]. Academy of Management Journal，28（2）：446-463.

Blau E J，Hochheimer B F，1964. Infrared spectrum and structure of diimide[J]. Journal of Chemical

Physics，41（5）：1174-1182.

Balzarova M A，Castka P，2008. Underlying mechanisms in the maintenance of ISO 14001 environmental management system[J]. Journal of Cleaner Production，16（18）：1949-1957.

Bandura A，2001. Social cognitive theory of mass communication[J]. Media Psychology，3（3）：265-299.

Bandura A，1999. Social cognitive theory：an agentic perspective[J]. Asian Journal of Social Psychology，2（1）：1.

Bandura A，1997. The anatomy of stages of change[J]. Am J Health Promot，12（1）：8-10.

Bansal P，Kistruck G ，2006. Seeing is（not）believing：managing the impressions of the firm's commitment to the natural environment[J]. Journal of Business Ethics，67（2）：165-180.

Baron A D，Brechtel G，Wallace P，et al，1988. Rates and tissue sites of non-insulin- and insulin-mediated glucose uptake in humans[J]. American Journal of Physiology，255（1）：769-774.

Baron R M，Kenny D A，1986. The moderator-mediator variable distincon tion in social psychological research：conceptual，strategic，and statistical considerations[J]. Journal of Personality and Social Psychology，51（6）：1173-1182.

Baumeister R F，Bratslavsky E，Finkenauer C，et al，2001. Bad is stronger than good[J]. Review of General Psychology，5，（4）：477-509.

Benton W C，Maloni M，2005. The influence of power driven buyer/seller relationships on supply chain satisfaction[J]. Journal of Operations Management，23（1）：1-22.

Beverland M，Luxton S，2005. Managing integrated marketing communication（IMC）through strategic decoupling：how luxury wine firms retain brand leadership while appearing to be wedded to the past[J]. Journal of Advertising，34（4）：103-116.

Blau P M，Duncan O D，1967. The American occupational structure[J]. American Journal of Sociology，33（2）：296.

Blau P M，1956. Bureaucracy in modern society[J]. Industrial & Labor Relations Review，26（4）：1183.

Boiral O，Henri J F，2012. Modelling the impact of ISO 14001 on environmental performance：a comparative approach[J]. Journal of Environmental Management，99（99）：84-97.

Boiral O，2007. Corporate greening through ISO 14001：a rational myth？[J]. Organization Science，18（1）：127-146.

Boiral O，2003. ISO 9000：outside the iron cage[J]. Organization Science，14（6）：720-737.

Bouten L，2016. Whose call to answer：institutional complexity and firms' CSR reporting[J]. Social & Environmental Accountability Journal，60（1）.

Bowen H R，Gond，Jean-Pascal，et al，2013. Social responsibilities of the businessman[J]. American Catholic Sociological Review，15（1）：266.

Bowman E H，Haire M，1975. A strategic posture toward corporate social responsibility[J]. California Management Review，18（2）：49-58.

Brammer S，Walker H，2011. Sustainable procurement in the public sector：an international comparative study[J]. International Journal of Operations &Production Management，31（4）：452-476.

Brammer S，Williams G，Zinkin J，2007. Religion and attitudes to corporate social responsibility in a large cross-country sample[J]. Journal of Business Ethics，71（3）：229-243.

Brockhaus S，Kersten W，Knemeyer A M，2013. Where do we go from here？Progressing sustainability implementation efforts across supply chains[J]. Journal of Business Logistics，34（2）：167-182.

Brown J R，Cobb A T，Lusch R F，2006. The roles played by interorganizational contracts and justice in marketing channel relationships[J]. Journal of Business Research，59（2）：166-175.

Brown，Colin，1991. The Organization of hypocrisy：talk，decisions and actions in organizations[J]. Journal of the Operational Research Society，42（7）：615-616.

Caniëls M C J，Gelderman C J，2007. Power and interdependence in buyer supplier relationships：a purchasing portfolio approach[J]. Industrial Marketing Management，36（2）：219-229.

Cañón-De-Francia J，Garcés-Ayerbe C，Ramírez-Alesón M，2007. Are more innovative firms less vulnerable to new environmental regulation？[J]. Environmental & Resource Economics，36（3）：295-311.

Carroll A B，1999. Corporate social responsibility：evolution of a definitional construct[J]. Business & Society，38（3）：268-295.

Carroll A B，Shabana K M，2010. The business case for corporate social responsibility：A review of concepts，research and practice[J]. International Journal of Management Reviews，12（1）：85-105.

Carroll A B，1979. A three-dimensional conceptual model of corporate performance[J]. academy of Management Review，4（4）：497-505.

Casciaro T，Piskorski M J，2005. Power imbalance，mutual dependence，and constraint absorption：a closer look at resource dependence theory[J]. Administrative Science Quarterly，50（2）：167-199.

Castka P，Corbett C，2016. Adoption and diffusion of environmental and social standards：the effect of stringency，governance，and media coverage[J]. International Journal of Operations & Production Management，36（11）：1504-1529.

Castka P，Prajogo D，2013. The effect of pressure from secondary stakeholders on the internalization of ISO 14001[J]. Journal of Cleaner Production，47（5）：245-252.

Chakravarthy B S，1986. Measuring strategic performance[J]. Strategic Management Journal，7（5）：437-458.

Chen C M，Delmas M，2011. Measuring corporate social performance：an efficiency perspective[J]. Production & Operations Management，20（6）：789-804.

Christmann P，Taylor G，2006. Firm self-regulation through international certifiable standards：determinants of symbolic versus substantive implementation[J]. Journal of International Business Studies，37（6）：863-878.

Clougherty J A，Michał Grajek，2008. The impact of ISO 9000 diffusion on trade and FDI：a new institutional analysis[J]. Journal of International Business Studies，39（4）：613-633.

Coase R H，1937. The nature of the firm[J]. Economica，4（16）：386-405.

Corbett C J，2007. Global diffusion of ISO 9000 certification through supply chains[M]. Supply Chain Analysis.

Corbett C J，Klassen R D，2006. Extending the horizons：environmental excellence as key to improving operations[J]. Manufacturing & Service Operations Management，8（1）：5-22.

Crook T R，Combs J G，2007. Sources and consequences of bargaining power in supply chains[J]. Journal of Operations Management，25（2）：546-555.

Crosno J L，Brown J R，2015. A meta-analytic review of the effects of organizational control in marketing exchange relationships[J]. Journal of the Academy of Marketing Science，43（3）：297-314.

Crosno J L，Dahlstrom R F，2016. An empirical investigation of bilateral investments and opportunism in buyer-supplier relationships[J]. Journal of Marketing Channels，23（3）：146-156.

Crosno J L，Dahlstrom R，2008. A meta-analytic review of opportunism in exchange relationships[J]. Journal of the Academy of Marketing Science，36（2）：191-201.

Daddi T，Testa F，Frey M，et al，2016. Exploring the link between institutional pressures and environmental management systems effectiveness：an empirical study[J]. Journal of Environmental Management，183（3）：647-656.

Dahlsrud A，2010. How corporate social responsibility is defined：an analysis of 37 definitions[J]. Eco-Management and Auditing，15（1）：1-13.

Darnall N，Edwards D，2010. Predicting the cost of environmental management system adoption：the role of capabilities，resources and ownership structure[J]. Strategic Management Journal，27（4）：301-320.

Delmas M A，Burbano V C，2011. The drivers of greenwashing[J]. California Management Review，54（1）：64-87.

Delmas M，Montiel I，2010. The diffusion of voluntary international management standards：responsible care，ISO 9000，and ISO 14001 in the chemical industry[J]. Policy Studies Journal，36（1）：65-93.

Deng X，Xu Y，2017. Consumers' responses to corporate social responsibility initiatives：the mediating role of consumer-company identification[J]. Journal of Business Ethics，142（3）：1-12.

DiMaggio，Paul，Powell，et a，2012l. The iron cage revisited：institutional isomorphism and collective rationality in organizational fields[J]. Social Science Electronic Publishing.

Doh，Jonathan，Husted，et al，2016. Guest editors' introduction：ethics，corporate social responsibility，and developing country multinationals[J]. Business Ethics Quarterly，26（3）：301-315.

Drucker P F，1984. Converting social problems into business opportunities：the new meaning of corporate social responsibility[J]. California Management Review，26（2）：53-63.

Du X Q，2015. How the market values greenwashing? Evidence from China[J]. Journal of Business Ethics，128（3）：547-574.

Emerson R M，1962. Power-dependence relations[J]. American Sociological Review，27（1）：31-41.

Fiss P C，Zajac E J，2006. The symbolic management of strategic change：sensegiving via framing and decoupling[J]. Social Science Electronic Publishing，49（6）：1173-1193.

Freeman，Howard E，Rossi，et al，1984. Furthering the applied side of sociology[J]. American Sociological Review，49（4）：571-580.

Ganesan S，1994. Determinants of long-term orientation in buyer-seller relationships[J]. Journal of Marketing，58（2）：1-19.

Genctürk E F，Aulakh P S，2007. Norms- and control-based governance of international manufacturer- distributor relational exchanges[J]. Journal of International Marketing，15（1）：92-126.

Gimenez C，Sierra V，2013. Sustainable supply chains：governance mechanisms to greening suppliers[J]. Journal of Business Ethics，116（1）：189-203.

Giovanni P D，2012. Do internal and external environmental management contribute to the triple bottom line？[J]. International Journal of Operations & Production Management，32（3）：265-290.

Goss A，Roberts G S，2011. The impact of corporate social responsibility on the cost of bank loans[J]. Journal of Banking & Finance，35（7）：1794-1810.

Grekova K，Calantone R J，Bremmers H J，et al，2016. How environmental collaboration with suppliers and customers influences firm performance：evidence from Dutch food and beverage processors[J]. Journal of Cleaner Production，112：1861-1871.

Groves T，Hong Y，Mcmillan J，et al，1994. Autonomy and incentives in Chinese state enterprises[J]. Quarterly Journal of Economics，109（1）：183-209.

Gulati R，Sytch M，2007. Dependence asymmetry and joint dependence in interorganizational relationships：effects of embeddedness on a manufacturer’s performance in procurement relationships[J]. Administrative Science Quarterly，52（1）：32-69.

Guler I，Guillén M F，Macpherson J M，2002. Global competition，institutions，and the diffusion of organizational practices：the international spread of ISO 9000 quality certificates[J]. Administrative Science Quarterly，47（2）：207-232.

Hall J，Lockshin L，2000. Using means-end chains for analysing occasions-not buyers[J]. Australasian

Marketing Journal，8（1）：45-54.

Hall P，Taylor R，1996 . Political science and the three new institutionalisms[J]. Political Studies，44（5）：936-957.

Harjoto M A，Jo H，2015. Legal vs. normative CSR：differential impact on analyst dispersion，stock return volatility，cost of capital，and firm value[J]. Journal of Business Ethics，128（1）：1-20.

Harjoto M，Jo H，Kim Y，2015. Is institutional ownership related to corporate social responsibility? The nonlinear relation and its implication for stock return volatility[J]. Journal of Business Ethics，146（1）：1-33.

Hartmann J，Moeller S，2014. Chain liability in multitier supply chains? Responsibility attributions for unsustainable supplier behavior[J]. Journal of Operations Management，32（5）：281-294.

Hedges L O，Maibaum L，Chandler D，et al，2007. Decoupling of exchange and persistence times in atomistic models of glass formers[J]. Journal of Chemical Physics，127（21）：1244.

Heide J B，John G，1988. The role of dependence balancing in safeguarding transaction-specific assets in conventional channels[J]. Journal of Marketing，52（1）：20-35.

Heide J B，1994. Interorganizational governance in marketing channels[J]. Journal of Marketing，58（1）：71-85.

Henseler J，Dijkstra T K，Sarstedt M，et al，2014. Common beliefs and reality about partial least squares：comments on rönkkö & evermann（2013）[J]. Social Science Electronic Publishing，17（2）：182-209.

Heras-Saizarbitoria I，Dogui K，Boiral O，2013. Shedding light on ISO 14001 certification audits[J]. Journal of Cleaner Production，51（1）：88-98.

Hess G A，1999. Understanding achievement（and other）changes under chicago school reform[J]. Educational Evaluation & Policy Analysis，21（1）：67-83.

Hillman A J，Cannella A A，Paetzold R L，2010. The resource dependence role of corporate directors：strategic adaptation of board composition in response to environmental Change[J]. Journal of Management Studies，37（2）：235-256.

Hillman A J，Keim G D，2001. Shareholder value，stakeholder management，and social issues：what's the bottom line？[J]. Strategic Management Journal，22（2）：15.

Hingley M K，2005. Power to all our friends？Living with imbalance in supplier-retailer relationships[J]. Industrial Marketing Management，34（8）：870-875.

Husted B W，Montiel I，Christmann P，2016. Effects of local legitimacy on certification decisions to global and national CSR standards by multinational subsidiaries and domestic firms[J]. Journal of International Business Studies，47（3）：382-397.

Inkpen A C，Beamish P W，1997. Knowledge，bargaining power，and the instability of international joint ventures[J]. Academy of Management Review，22（1）：177-202.

Ireland R D，Webb J W，2007. A multi-theoretic perspective on trust and power in strategic supply chains[J]. Journal of Operations Management，25（2）：482-497.

Isaksson L，Kiessling T，Harvey M，2014. Corporate social responsibility：why bother？[J]. Organizational Dynamics，43（1）：64-72.

Jabbour A B D S，Jabbour C J C，Latan H，et al，2015. Reprint of "quality management，environmental management maturity，green supply chain practices and green performance of Brazilian companies with ISO 14001 certification：direct and indirect effects" [J]. Transportation Research Part E，74（2014）：139-151.

Jensen S B，Pedersen A M，Vissink A，et al，2010. A systematic review of salivary gland hypofunction and xerostomia induced by cancer therapies：management strategies and economic impact[J]. Supportive Care in Cancer Official Journal of the Multinational Association of Supportive Care in Cancer，18（8）：1061.

Jia P，Diabat A，Mathiyazhagan K，2015. Analyzing the SSCM practices in the mining and mineral industry by ISM approach[J]. Resources Policy，46：76-85.

Jian Hu，2010. Dependence structures in Chinese and US financial markets：a time-varying conditional copula approach[J]. Applied Financial Economics，20（7）：561-583.

Kale S，Arditi D，2006. Diffusion of ISO 9000 certification in the precast concrete industry[J]. Construction Management and Economics，24（5）：485-495.

Kale S H，Mcintyre R P，1991. Distribution channel relationships in diverse cultures[J]. International Marketing Review，8（3）.

Kor Y Y，Mahoney J T，2005 . How dynamics，management，and governance of resource deployments influence firm-level performance[J]. Strategic Management Journal，26（5）：489-496.

Kumar N，Scheer L K，Steenkamp J B E M，1995. The effects of perceived interdependence on dealer attitudes.[J]. Journal of Marketing Research，32（3）：348-356.

Kumar Singh V，Mazhari B，2011. Simultaneous consideration of contingency factors and quality management：an empirical study of Serbian companies[J]. African Journal of Business Management，5（3）：866-883.

Laguir I，Staglianò R，Elbaz J，2015. Does corporate social responsibility affect corporate tax aggressiveness？[J]. Journal of Cleaner Production，107：662-675.

Lavie D，Haunschild P R，Khanna P，2012. Organizational differences，relational mechanisms，and alliance performance[J]. Strategic Management Journal，33（13）：1453-1479.

Lawler E J，Thye S R，1999. Bringing emotions into social exchange theory[J]. Annual Review of Sociology，25（1）：217-244.

Lee D，2017. Corporate social responsibility and management forecast accuracy[J]. Journal of Business Ethics，140（2）：1-15.

Lee H，Kwak D，Park J，2017. Corporate social responsibility in supply chains of small and medium-sized enterprises[J]. Corporate Social Responsibility & Environmental Management，24（10）.

Lee S Y，2016. Responsible supply chain management in the Asian context：the effects on relationship commitment and supplier performance[J]. Asia Pacific Business Review，22（2）：1-18.

Leonidou L C，Talias M A，Leonidou C N，2008. Exercised power as a driver of trust and commitment in cross-border industrial buyer-seller relationships[J]. Industrial Marketing Management，37（1）：92-103.

Liston-Heyes C，Brust D A V，2016. Environmental protection in environmentally reactive firms：lessons from corporate argentina[J]. Journal of Business Ethics，135（2）：361-379.

Liu X，Garcia P，Vredenburg H，2014. CSR adoption strategies of Chinese state oil companies：effects of global competition and cooperation[J]. Social Responsibility Journal，10（1）.

Llach J，Marimon F，Alonso-Almeida M D M，2015. Social accountability 8000 standard certification：analysis of worldwide diffusion[J]. Journal of Cleaner Production，93：288-298.

Lui S S，Wong Y Y，Liu W，2009. Asset specificity roles in interfirm cooperation：reducing opportunistic behavior or increasing cooperative behavior？[J]. Journal of Business Research，62（11）：1214-1219.

Lülfs R，Hahn R，2014. Sustainable behavior in the business sphere-a comprehensive overview of the explanatory power of psychological models[J]. Organization & Environment，27（1）：43-64.

Lyon T P，Maxwell J W，2011. Greenwash：corporate environmental disclosure under threat of audit[J]. Journal of Economics & Management Strategy，20（1）：3-41.

Maclean T L，Behnam M，2010. The dangers of decoupling：the relationship between compliance programs，legitimacy perceptions，and institutionalized misconduct[J]. Academy of Management Journal，53（6）：1499-1520.

Malhotra M K，Mackelprang A W，2012. Are internal manufacturing and external supply chain flexibilities complementary capabilities？[J]. Journal of Operations Management，30（3）：180-200.

Marimon Viadiu F，Casadesús Fa Martí，Heras Saizarbitoria I，2006. ISO 9000 and ISO 14000 standards：an international diffusion model[J]. International Journal of Operations & Production Management，26（2）：141-165.

Marquis C，Toffel M W，Zhou Y ，2016. Scrutiny，norms，and selective disclosure：a global study of greenwashing[J]. Organization Science，27（2）：483-504.

Marquis C，Qian C，2014. Corporate social responsibility reporting in China：symbol or substance？[J]. Qrganization Science，25（1）：127-148.

Maslow A H，1970. Motivation and personality[J]. Quarterly Review of Biology，（1）：187-202.

Mccarter M W，Northcraft G B，2007. Happy together？Insights and implications of viewing managed supply chains as a social dilemma[J]. Journal of Operations Management，25（2）：498-511.

Mcwilliams A，Siegel D，2001. Corporate social responsibility：a theory of the firm perspective[J]. Academy of Management Review，26（1）：117-127.

Mentzer J T，Dewitt W，Keebler J S，et al，2011. Defining supply chain management[J]. Journal of Business Logistics，22（2）：1-25.

Meyer J W，Rowan B，1977. Institutionalized organizations：formal structure as myth and ceremony[J]. American Journal of Sociology，83（2）：340-363.

Millington B A，2008. Does it pay to be different？An analysis of the relationship between corporate social and financial performance[J]. Strategic Management Journal，29（12）：1325-1343.

Montiel I，Husted B W，2009. The adoption of voluntary environmental management programs in mexico：first movers as institutional entrepreneurs[J]. Journal of Business Ethics，88（2）：

349-363.

Moodley T，Ward M，Muller C，2015. The relationship between the management of payables and the return to investors[J]. Social Science Electronic Publishing，31（1）：1-9.

Moorman C，Slotegraaf R J，1999. The contingency value of complementary capabilities in product development[J]. Journal of Marketing Research，36（2）：239-257.

Murray K B，Montanari J R，1986. Strategic management of the socially responsible firm：integrating management and marketing theory[J]. Academy of Management Review，11（4）：815-827.

Mzembe A N，Lindgreen A，Maon F，et al，2016. Investigating the drivers of corporate social responsibility in the global tea supply chain：a case study of eastern produce limited in Malawi[J]. Corporate Social Responsibility & Environmental Management，23（3）：165-178.

Mzembe A N，Meaton J，2014. Driving corporate social responsibility in the malawian mining industry：a stakeholder perspective[J]. Corporate Social Responsibility & Environmental Management，21（4）：189-201.

Nair A，Prajogo D，2009. Internalisation of ISO 9000 standards：the antecedent role of functionalist and institutionalist drivers and performance implications[J]. Internalional Journal of Production Research，47（16）：4545-4568.

Nonaka H，Tanaka K，Hirano H，et al，1995. A downstream target of RHO1 small GTP-binding protein is PKC1，a homolog of protein kinase C，which leads to activation of the MAP kinase cascade in Saccharomyces cerevisiae[J]. Embo Journal，14（23）：5931-5938.

Narasimhan R，Schoenherr T，Jacobs B W，et al，2015. The financial impact of FSC certification in the United States：a contingency perspective[J]. Decision Sciences，46（3）：527-563.

Naveh E，Marcus A A，2004. When does the ISO 9000 quality assurance standard lead to performance improvement? Assimilation and going beyond[J]. IEEE Transactions on Engineering Management，51（3）：352-363.

Neumayer E，Perkins R，2005. Uneven geographies of organizational practice：explaining the cross-national transfer and diffusion of ISO 9000[J]. Economic Geography，81（3）：237-259.

Nunhes T V，Motta L C F，Oliveira O J D，2016. Evolution of integrated management systems research on the Journal of Cleaner Production：identification of contributions and gaps in the literature[J]. Journal of Cleaner Production，139：1234-1244.

Pagell M，Zhaohui W U，2010. Building a more complete theory of sustainable supply chain management using case studies of 10 exemplars[J]. Journal of Supply Chain Management，45（2）：37-56.

Palmqvist B，Carlbring P，Andersson G，2011. Decoupling of standard implementation from certification[J]. Business Ethics Quarterly，21（1）：73-102.

Petrenko O V，Aime F，Ridge J，et al，2016. Corporate social responsibility or CEO narcissism? CSR motivations and organizational performance[J]. Strategic Management Journal，37（2）：262-279.

Porter M E，Kramer M R，2006. Strategy and society：the link between competitive advantage and corporate social responsibility[J]. Harv Bus Rev，84（12）：78-92.

Prajogo D，Castka P，Yiu D，et al，2016. Environmental audits and third party certification of management practices：firms' motives，audit orientations，and satisfaction with certification[J]. International Journal of Auditing，20（2）：202-210.

Prajogo D，Tang A K Y，Lai K H，2012. Do firms get what they want from ISO 14001 adoption?：an Australian perspective[J]. Journal of Cleaner Production，33（8）：117-126.

Pratto F，John O P，1991. Automatic vigilance：the attention-grabbing power of negative social information[J]. Journal of Personality & Social Psychology，61（3）：380.

Provan K G，Skinner S J，1989. Interorganizational dependence and control as predictors of opportunism in dealer-supplier relations[J]. Academy of Management Journal，32（1）：202-212.

Qi G Y，Zeng S X，Tam C M，et al，2011. Diffusion of ISO 14001 environmental management systems in China：rethinking on stakeholders' roles[J]. Journal of Cleaner Production，19（11）：1250-1256.

Rhee M，Valdez M E，2009. Contextual factors surrounding reputation damage with potential implications for reputation repair[J]. The Academy of Management Review，34（1）：146-168.

Ryan R M，Deci E L，2000. Intrinsic and extrinsic motivations：classic definitions and new directions[J]. Contemp Educ Psychol，25（1）：54-67.

Sancha C，Wong C W Y，Thomsen C G，2016. Buyer-supplier relationships on environmental issues：a contingency perspective[J]. Journal of Cleaner Production，112：1849-1860.

Sandholtz J H，Ringstaff C，2016. The influence of contextual factors on the sustainability of professional development outcomes[J]. Journal of Science Teacher Education，27（2）：205-226.

Sandholtz KW，2012. Making standardsstick：a theory of coupled vs. decoupled compliance[J]. Organization Studies，33（5/6）：655-679.

Sanzo M J，Santos M L，Álvarez L I，et al，2007. The effect of a buyer's market orientation on attitudinal loyalty toward a supplier：is dependence a moderator？[J]. Supply Chain Management，12（4）：267-283.

Schoenherr T，Talluri S，2013. Environmental sustainability initiatives：a comparative analysis of plant efficiencies in europe and the U.S[J]. IEEE Transactions on Engineering Management，60（2）：353-365.

Shapiro C A C，1987. Corporate stakeholders and corporate finance[J]. Financial Management，16（1）：5-14.

Sharma S，Henriques I，2005. Stakeholder influences on sustainability practices in the canadian forest products industry[J]. Strategic Management Journal，26（2）：159-180.

Sheldon E F，1924. The so-called hibernating gland in mammals：a form of adipose tissue[J]. Anatomical Record，28（5）：331-347.

Shields K P，Malhotra M K，2008. Manufacturing managers' perceptions of functional power in manufacturing organizations[J]. International Journal of Operations & Production Management，28（9）：858-874.

Shklar J N，1984. Ordinary vices[M]. Cambridge，MA：Belknap.

Short J L，Toffel M W，Hugill A R，2016. Monitoring global supply chains[J]. Harvard Business School Working Papers，37（9）：1878-1897.

Simon A，Yaya L H P，Karapetrovic S，et al，2014. An empirical analysis of the integration of internal and external management system audits[J]. Journal of Cleaner Production，66：499-506.

Simpson N P，2018. Applying the capability approach to enhance the conceptualization of well-being in environmental assessment[J]. Journal of Human Development & Capabilities，（84）：1-33.

Skowronski J J，Carlston D E，1989. Negativity and extremity biases in impression formation：a review of explanations[J]. Psychological Bulletin，105（1）：131-142.

Spekman R，Davis E W，2016. The extended enterprise：A decade later[J]. International Journal of Physical Distribution & Logistics Management，46（1）：43-61.

Spence L，Bourlakis M，2009. The evolution from corporate social responsibility to supply chain responsibility：the case of Waitrose[J]. Social Science Electronic Publishing，14（4）：291-302（12）.

Spence M，1973. Job market signaling[J]. Quarterly Journal of Economics，87（3）：355-374.

Takahashi T，Nakamura M，2010. The impact of operational characteristics on firms' EMS decisions：strategic adoption of ISO 14001 certifications[J]. Corporate Social Responsibility & Environmental Management，17（4）：215-229.

Tashman P，Marano V，Kostova T，2018. Walking the walk or talking the talk？ Corporate social responsibility decoupling in emerging market multinationals[J]. Journal of International Business Studies，50（2）：1-19.

Tenbrunsel A E，Wade-Benzoni K A，Messick D M，et al，2000. Understanding the influence of environmental standards on judgments and choices[J]. Academy of Management Journal，43（5）：854-866.

Testa F，Boiral O，Iraldo F，et al，2018. Internalization of environmental practices and institutional complexity：can stakeholders pressures encourage greenwashing？[J]. Journal of Business Ethics，1-21.

Testa F，Rizzi F，Daddi T，et al，2014. EMAS and ISO 14001：the differences in effectively improving environmental performance[J]. Journal of Cleaner Production，68（3）：165-173.

Thiele B，2002. The human right to adequate housing：a tool for promoting and protecting individual and community health[J]. American Journal of Public Health，92（5）：712-715.

Touboulic A，Chicksand D，Walker H，2014. Managing imbalanced supply chain relationships for sustainability：a power perspective[J]. Decision Sciences，45（4）：577-619.

Vachon S，Klassen R D，2006. Extending green practices across the supply chain：the impact of upstream and downstream integration[J]. International Journal of Operations & Production Management，26（7）：795-821.

Vurro C，Lenssen G，Perrini F，2011. Making the most of corporate social responsibility reporting：disclosure structure and its impact on performance[J]. Corporate Governance International Journal of Business in Society，11（4）：459-474.

Vurro C，Russo A，Perrini F，2009. Shaping sustainable value chains：network determinants of supply chain governance models[J]. Journal of Business Ethics，90（4）：607-621.

Waddock S A，Graves S B，2002. Responsibility：the new business imperative[J]. Academy of Management Executive，16（2）：132-148.

Wagner T，Lutz R J，Weitz B A，2009. Corporate hypocrisy：overcoming the threat of inconsistent corporate social responsibility perceptions[J]. Journal of Marketing，73（6）：77-91.

Wandfluh M，Hofmann E，Schoensleben P，2016. Financing buyer-supplier dyads：an empirical analysis on financial collaboration in the supply chain[J]. International Journal of Logistics，19（3）：1-18.

Wang F，Xu L，Guo F，et al，2019. Loan guarantees，corporate social responsibility disclosure and audit fees：evidence from China[J]. Journal of Business Ethics，（1）：1-17.

Wartick S L，Cochran P L，1985. The evolution of the corporate social performance model[J]. Academy of Management Review，10（4）：758-769.

Wijen F，2014. Means versus ends in opaque institutional fields：trading off compliance and achievement in sustainability standard adoption[J]. Social Science Electronic Publishing，39（3）：302-323.

Williamson O E，1979. Transaction-cost economics：the governance of contractual relations[J]. Journal of Law & Economics，22（2）：233-261.

Xiong Y，Zhao Q，Zhou Y，2016. Manufacturer-remanufacturing vs supplier-remanufacturing in a closed-loop supply chain[J]. International Journal of Production Economics，176：21-28.

Yilmaz C，Sezen B，Ozdemir O，2005. Joint and interactive effects of trust and（inter）dependence on relational behaviors in long-term channel dyads[J]. Industrial Marketing Management，34（3）：235-248.

Yin H，Schmeidler P J，2011. Why do standardized ISO 14001 environmental management systems lead to heterogeneous environmental outcomes？[J]. Business Strategy & the Environment，20（8）：469-486.

Yoon Y，Zeynep Gürhan-Canli，Schwarz N，2006. The effect of corporate social responsibility（CSR）activities on companies with bad reputations[J]. Journal of Consumer Psychology，16（4）：377-390.

Zhao X，Chen S，Xiong C，2016. Organizational attention to corporate social responsibility and corporate social performance: the moderating effects of corporate governance[J]. Business Ethics A European Review，25（4）：386-399.

Zhao X，Murrell A J，2016. Revisiting the corporate social performance-financial performance link: a replication of Waddock and Graves[J]. Strategic Management Journal，37（11）：2378-2388.

Zhu Q, Tian Y, Sarkis J, 2012 . Diffusion of selected green supply chain management practices: an assessment of Chinese enterprises[J]. Production Planning & Control，23（10/11）：837-850.

Zhu Q, Liu J, Lai K H, 2016. Corporate social responsibility practices and performance improvement among Chinese national state-owned enterprises[J]. International Journal of Production Economics，171：417-426.

Zhu Q，Zhang Q，2015. Evaluating practices and drivers of corporate social responsibility: the Chinese context[J]. Journal of Cleaner Production，100：315-324.

附 录

企业社会责任履行实践调查问卷

尊敬的参与者：

非常感谢您能够接受本次调研，本研究课题为“企业社会责任内化研究”。本研究旨在了解企业如何致力于把社会责任内化到日常运营实践中，并提高企业自身的社会责任能力。

这项研究的结果仅用于科研用途。此调查所收集的所有个人和企业信息将严格保密。我们保证每个参与者以及相关企业的匿名性。同时，我们保证不会与客户分享单个参与者及企业的相关信息。

此问卷调查分为五个部分，将需要 15 分钟来完成。请您基于贵公司的总体情况来回答所有问题。如果贵公司拥有一个以上的工厂，请您选择其中最具代表性的一个来作答。非常感谢您能回答所有的问题。

如果您对此问卷调查有任何疑问，请与我联系。

联系人：

地址：

邮编：

电话：

E-mail：

非常感谢您的参与！

请遵循下面的要求进行作答：

（1）在给出的选项中勾选出（电子版可用红色突出显示）最符合本企业实际情况的一个，除非另有说明。

（2）按照提示，填写空格。

（3）如果您选择“其他”，请具体说明。

I. 有关贵工厂在发展社会可持续性方面执行情况的基本信息

这里所讲的社会可持续性主要指的是企业的社会责任问题，涉及工人的健康和安全，以及他们的福利（包括工作时间、薪酬以及结社的自由等）。

1. 贵工厂何时开始积极参与推动履行企业社会责任（Social Sustainability Development）的？ ______年。

2. 在贵工厂，谁主要负责企业社会责任工作（Social Compliance）？

☐ 工厂经理/企业主

☐ 人力资源经理

☐ 质量经理

☐ 社会责任经理

☐ 其他，请说明：__________。

3. 贵工厂是否有进行社会责任审核（social audits）？（注：社会责任审核，也有公司称社会责任验厂，着重于审核工厂在职工权益、环境保护、生产消防安全等方面是否达到国际标准或者当地法律要求标准）

☐ 有，外部审核（如由第三方或客户审核）

☐ 有，内部审核（如自我评估）

☐ 没有

如果有，请说明去年一年进行过多少次社会责任审核：

_____次外部审核（如由第三方或客户审核）

_____次内部审核（如自我评估）

4. 基于以下方面，您如何评估贵厂社会责任（Social Sustainability）策略的执行水平，也就是贵公司社会责任发展策略（Social Policy）的落实状况。

	需要重大改进	需要稍加改进	满意	很好	非常好
一个完整的推动企业社会责任发展的政策体系	1	2	3	4	5
领导支持（如经理们积极支持社会责任倡议）	1	2	3	4	5
文档管理（如该厂的意外事故或疾病率的正式报告）	1	2	3	4	5
全员参与（如认真采用员工的建议）	1	2	3	4	5
流程管理（如关于企业社会责任的工作进展，工厂会召开例会进行讨论）	1	2	3	4	5

5. 对于以下每个说明，请勾选最能代表您看法的一项。

	强烈反对	反对	中立	同意	非常同意
我们会定期进行自我评估，其结果被用于改善我们的管理流程	1	2	3	4	5
全体员工都接受企业社会责任发展方面的培训（如卫生和安全隐患）	1	2	3	4	5
关于企业社会责任的执行策略和程序，我们有详细的文件记录，并不断更新	1	2	3	4	5
我们把企业社会责任发展工作绩效和财务挂钩，用于更加明确地评估我们工厂的整体业绩	1	2	3	4	5
我们的日常运营和管理严格按照企业社会责任制度的要求	1	2	3	4	5

6. 对于以下每个说明，请勾选最能代表您看法的一项。

	强烈反对	反对	中立	同意	非常同意
企业重视社会责任是非常必要的，因为它能够吸引更多客户	1	2	3	4	5
我们必须保障社会责任的履行，以避免失去优质员工	1	2	3	4	5

	强烈反对	反对	中立	同意	非常同意
企业履行社会责任可以带来经济效益(如降低生病率或员工缺勤率)	1	2	3	4	5
企业社会责任方面的投资将会给我们带来竞争优势（跟其他工厂相比）	1	2	3	4	5
实行企业社会责任政策,可以把握和了解我们对每个员工的影响	1	2	3	4	5
实行企业社会责任政策，可以满足客户的需求	1	2	3	4	5

Ⅱ. 有关贵工厂客户的基本信息

1. 对于以下每个说明，请勾选最能代表您看法的一项。

	强烈反对	反对	中立	同意	非常同意
这个客户对本厂的未来绩效至关重要	1	2	3	4	5
对于此客户，我们没有一个很好的替代客户	1	2	3	4	5
此客户难以被取代	1	2	3	4	5
如果我们跟此客户的关系中断了,我们将难以维持当前的销售水平	1	2	3	4	5

2. 您是否从这个客户处获得实际的支持？　　是□/ 否□

如果是，在哪些领域：(可多选)

□ 生产力和流程支持（如精益生产）

□ 管理和/或人力资源（HR）系统

□ 对工人和管理层提供产品质量和/或设计方面的培训

□ 对工人和管理层进行培训

□ 生产计划（如生产排班和人员配置）

□ 管理人员和工人之间的沟通

□ 其他，请明确说明：____________。

3. 对于以下每个说明，请勾选最能代表您看法的一项。

	强烈反对	反对	中立	同意	非常同意
对于该客户，我们是其主要供货商	1	2	3	4	5
如果我们停止供货给该客户，该客户将面临严重的缺货风险	1	2	3	4	5
对于该客户来说，将订单完全从我们工厂转移到另外一个供货商转换成本将很高（如耗时耗力）	1	2	3	4	5
如果我们表现不好，客户也会表现不佳（如销售下降、产品召回等）	1	2	3	4	5

Ⅲ. 有关贵工厂和客户的关系问题

在回答以下问题的时候，请您以贵工厂最重要的客户作为回答的基础（如以销售额最大的客户作为参考）。

对于以下每个说明，请勾选最能代表您看法的一项。

	强烈反对	反对	中立	同意	非常同意
该客户通常对我们厂遵守承诺	1	2	3	4	5
该客户与我们密切合作，以实行企业社会责任政策（如人员交流、培训项目）	1	2	3	4	5
对该客户，我们愿意进行长期投资	1	2	3	4	5
当我们与该客户分享我们面临的问题（如材料价格），他会理解并做出积极的响应	1	2	3	4	5
如果我们履行社会责任政策，我们会从该客户处得到奖励（如订单保证）	1	2	3	4	5
该客户经常向我们提供不准确的信息	1	2	3	4	5
该客户允许对企业社会责任的政策开放双向对话，从而建立这方面的共同目标	1	2	3	4	5
我们的主要客户已投入资源，用于开发企业社会责任履行能力（如帮助建立医院）	1	2	3	4	5
每当该客户给我们提出业务运营相关的建议时，我们认为他提供的建议一定是基于他的最佳判断	1	2	3	4	5
如果我们在实施企业社会责任过程中遇到困难，该客户会直接更换到其他的供货商，而不是与我们共同解决问题	1	2	3	4	5

Ⅳ. 有关贵工厂的基本信息

1. 贵工厂是家族企业？ 是□/ 否□

2. 贵工厂成立于哪一年？ ___________年

3. 贵工厂主要生产什么产品？（可多选）

□ 化工/塑料/涂料/表面

□ 安防/消防

□ 电子/LED

□ 酒店/家居/礼品

□ 五金/建材/家装

□ 服装/纺织

□ 印刷/丝印

□ 净水器/饮水/配件

□ 空调/采暖/热泵

□ 汽车配件/用品/维修

□ 食品/制药

□ 医疗器械

□ 家电

□ 皮革/制鞋

□ 工程机械/机械工业

□ 广电/教育装备

□ 音响/灯光/LED 屏

□ 其他，请明确说明：___________。

请给以下各项打分，各项分数加总为 100 分，以说明贵工厂在市场上的主要竞争优势（例如，产品质量为 30 分，价格为 15 分，运输为 10 分，灵活性为 25 分，社会责任感为 20 分）。

分割点	
产品质量	______
价格	______
交货（如速度、可靠性）	______
灵活性（如订单下达后改变产品风格）	______
社会责任感	______

4. 相比于市场上的竞争对手，贵工厂的利润总额是

非常低	低	类似	高	非常高
1	2	3	4	5

5. 请估计贵工厂的年营业额，数量和价值分别是__________件；￥__________。

6. 贵工厂现有多少工人/员工？__________。

7. 去年一年，贵工厂新雇用了多少工人/员工？ __________（数量）。

8. 与去年同期相比，当前员工数量变化的百分比为（请选出恰当的一项，并填写百分比）。

□ 增加_____%

□ 减少 _____%

□ 没有变化

9. 贵工厂员工住宿在哪里？

□ 工厂宿舍

□ 与家人

□ 自己的公寓（不跟家人）

□ 其他，请明确说明：__________。

10. 员工可以与工厂管理层讨论利益问题，或者管理层会征求员工的意见？

是□/ 否□

如果是，通过哪些沟通渠道：（可多选）

□ 每月定期个别面谈

□ 自由和独立的员工集会（如工会）

□ 员工培训

□ 其他，请明确说明：__________。

Ⅴ. 关于您的背景资料

1. 您的国籍：__________。
2. 您在贵工厂担任什么职务？__________。
3. 您在该厂担任该职位多少年了？ _____年。
4. 您在该厂工作了多少年？ _____年。
5. 您总共的工作经历有多少年了？ _____年。
6. 您的最高学历是：

□ 没有受过正规教育

□ 小学

□ 初中

□ 高中

□ 大学教育（学士学位）